松下村塾

古川　薫

講談社学術文庫

はじめに

江戸末期の有名私塾はいくつかを挙げることができるが、塾の規模と知名度において抜群のものが二つある。大坂の適々斎塾《てきてきさいじゅく》（適塾）と、豊後日田の咸宜園《かんぎえん》である。緒方洪庵《おがたこうあん》の適塾では橋本左内《はしもとさない》・福沢諭吉《ふくざわゆきち》・大村益次郎《おおむらますじろう》といった著名人が机を並べ、広瀬淡窓《ひろせたんそう》の咸宜園でも大《おお》隈言道《くまことみち》や長三洲《ちょうさんしゅう》が学び、高野長英《たかのちょうえい》・大村益次郎らが学籍簿に名を遺した。もっとも幕府の追及をのがれて流浪する途次、そこに潜んでいた長英もそうだが、両塾ともすでに相当の学識を積んだのちに一時身を寄せていたにすぎない人物までを出身者に数えあげている。いずれにしても全国各地から秀才が集まった名門塾だ。適塾は三十年間、咸宜園は六十年間にそれぞれ三千人という人々を教え、その中からひとにぎりの英才を世に送り出した。

吉田松陰《よしだしょういん》の松下村塾《しょうかそんじゅく》は、教育期間わずか一年である。あらたまった塾生名簿はないので正確な数はつかめないが、百人を上まわることはなく、ごく小範囲の人々を対象とした私塾であり、例外として広島からの一人を除いて、あとは萩《はぎ》城下とそれに隣接する松本村の若者たちだけが集まった。その半数は貧しい軽卒《けいそつ》の家の子で、彼らは生活に追われながら早朝あるいは深夜の暇をみては松陰が待つ塾舎に通いつめた。藩校明倫館《めいりんかん》に在籍しながら怠学の気配を見せる士分《しぶん》もいれば、町の不良少年もまじっている。月謝は無料という風変わりな塾だったし、学力はまちまちで三々五々といった小人数に分かれての受講であり、一貫したカリキュラムによる講座があったとも思えない。つまり松下村塾は知識の量を競う学塾ではなかったのである。適塾や咸宜園などとは比べるべくもない。

松下村塾は、有名塾に秀才が集まったというものではなかった。長州という辺境に伏流する地下水を汲み上げることから始まった土着の教室である。開塾にあたって、松陰は「一邑《いちゆう》を奮発震動せん」と述べ、さらに「萩城のまさに大いに顕《あら》はれんとするや、それ必ず松下の邑《むら》より始まらんか」と、「天下を奮発震動」させる人材が松下村塾から輩出するであろうことを予言した。そして維新史を旋回させた高杉晋作《たかすぎしんさく》・久坂玄瑞《くさかげんずい》・伊藤博文《いとうひろぶみ》・山県有朋《やまがたありとも》・前原《まえばら》一誠《いっせい》・品川弥二郎《しながわやじろう》をはじめとするおびただしい人材を育て、自信にみちたその予言を的中させたのである。うたかたのように生まれ消えた、このささやかな私塾が、適塾や咸宜園と並んで歴史に名をとどめたのは、激動する時代の波との共鳴を考えるとしても、やはり奇跡というほかはない。

物置小屋を改造した粗末な塾舎で、短期間のうちに、いったい何があったのか。松陰はそこで塾生たちに何を教えたのか。幕末の日本を震動させた松下村塾の成立から閉鎖までを点検することによって、その驚異的な成果を見せつけた謎の私塾の正体を、少しく明らかにできないかというのが本書の願いである。

目次

松下村塾

はじめに……3
第一章　開塾まで……11
下田踏海事件　11
獄中の講義　18
好学の家風　24
第二章　割拠の思想……34
塾　舎　34
入　塾　42
月　謝　45
友　情　49
華夷弁別　51
第三章　指導と感化力……59
引き出し喚起すること　59

煙管を折るの記　68
相労役　70
不良少年　72
送別のことば　76
第四章　何を教えたか……83
学　科　83
学習の方法　97
評　価　101
飛耳長目　106
第五章　対外活動……110
官学との抗争　110
交　流　118
藩政への発言　120

松下村塾の閉鎖 125
塾生の「心死」を嘆く 133
『留魂録』 137
第六章　塾生架空座談会「村塾のころ」……145
松陰の風貌 145
学習風景 149
村塾の人々 154
松下村塾関係人名録……159
松下村塾略年表……182
参考文献一覧……189
原本あとがき……190
学術文庫版あとがき……197

松下村塾

第一章　開塾まで

下田蹈海事件

嘉永《かえい》六年（一八五三）夏、和親条約の締結をもとめて浦賀沖にあらわれた四隻のペリー艦隊は、二世紀余にわたって鎖国の眠りをむさぼっていた日本を震撼させた。このとき吉田松陰は江戸にいた。二十四歳（数え年）だった。二年前、友人との約束を果たすため、藩の旅行手形を持たずに江戸から東北に旅立ったため脱藩とみなされて、藩士の身分を奪われた。浪人となってふたたび江戸入り、佐久間象山《さくましようざん》に師事しているころである。

象山が門弟たちと共に浦賀へむかったと知って、すぐに後を追った。墨田川河口の鉄砲洲《てつぽうず》から船に乗ろうとしたが、夕凪《ゆうなぎ》で風がなく船が出ないので付近の宿屋に入って夕食をしたため、待つ間に父親あての手紙を書いた。

「浦賀へ異船来りたる由に付き、私只今より夜船にて参り申候。海陸共に路留《みちどめ》にも相成るべくやの風聞にて、心甚《せき》だ急飛ぶが如し、飛ぶがごとし」

それを藩邸にいる瀬能《せの》吉次郎に送り、自分が壮健で「英気《えいき》勃々《ぼつぼつ》の様子」もこれで分かるだろうから、国許への飛脚便があればこの手紙を一緒に出しておいてほしいと頼んだ。黒船との交戦で死んだ場合の遺書のつもりでもあった。

その夜は結局、漁師の家に泊めてもらい、夜明けを待ちかねて、背後の小高い丘に登る。黒々とタールを塗った巨大な船体が四つ、陸から十町（約一キロ）ばかりの海上に、幻影のように浮かんでいる。松陰が、生まれて初めて見る黒船の偉容だった。

幕府から大森海岸の警備を命じられた長州藩邸では、たまたま藩主が江戸出府中であり、ただちに支藩の屋敷にも通達を出して兵を駆り集め、三門の火砲と百挺の和銃で武装した五百五十二人の藩兵を五日間で編制し終わっている。藩邸内に武庫を持たない藩も多かったから、長州藩の対応は秀逸というもので、これも富国強兵をめざす天保《てんぽう》以来の改革による成果である。黒船来航で狼狽する幕府から急に頼りにされはじめた。それまで親藩の彦根に任せていた三浦半島の警衛を代わってつとめるようにとの幕命を、やがて受けることになる。

萩から鋳砲家の郡司《ぐんじ》一族を江戸に呼び寄せ、佐久間象山の指導で、青銅砲三十六門の鋳造にかかった。黒船騒ぎが本州最西端を直撃し、二百数十年間、寡黙な割拠をつづけてきた毛《もう》利《り》氏の剽悍《ひょうかん》な血を目覚めさせたのだった。これが幕末の中央政局に長州藩が乗り出すきっかけとなるのだが、また吉田松陰という一人の青年の運命にも微妙な影を射しかけるのである——。

幕府は警備に出動した諸藩の陣営に対し「シナのごとき大国に阿片《アヘン》の騒乱あり。環海の我国にして、もし兵端をひらかば海岸の防備いまだ充実せざれば容易ならぬ国難にもおよぶべし」として、こちらから砲撃するようなことはするなと厳命し、ペリーがたずさえてきた大統領の親書を受理した。ペリーは艦隊の数を増やし、翌年その返事を受け取りにくると言い残して上海《シャンハイ》にむけて去った。幕府が黒船と一戦交えるものと思っていた松陰の予想ははずれたのだ。

長州藩ではこの重大危機を迎え、対応策について意見があれば上書を許すと藩士に呼びかけた。浦賀から江戸に帰ってきた松陰は、ただちに筆をとって『将及私言《しょうきゅうしげん》』という論策を書く。松陰はその資格がないので、匿名で提出した。浪人の松陰が藩主に上書することは掟にそむくことも承知の上だった。

まずペリーの要求を一蹴することによって、来春必戦の覚悟をかためるべきことを述べ、具体的な急務の方策を論じた。

「このごろ憎むべき俗論がある。江戸は幕府の膝元だから旗本や譜代諸藩の手で護《まも》ればよく、他の列藩はそれぞれの本国をかためたらよいという説である。これは実に天下の大義をわきまえない所論である。各大名が自分の本国を重んずるのは当然だが、天下は天朝の天下であり、すなわち天下の天下である。幕府の私有すべき天下ではない。故《ゆえ》に日本国内のいずれの地でも、外夷の侮《あなど》りを受けたときは、幕府はもとより諸侯の総力を挙げて天下の恥辱をそそぐべきである」

相州警備にあたる長州藩の立場を、単に幕命によるのではなく、それを天下の大義として位置づけようとするのである。次に長州の藩主が取り組まなければならぬ施政改善の方法としては、独善を避けて衆議を集め、高級家臣による側近政治をあらためること、そして身分を問わぬ人材登用の必要を説いた。

外国に対抗する兵力充実の方策として、進んだ外国の武装、洋式兵制の採用、幕府が大船建造を許したのだから、軍艦の建造にかからなければならないが、オランダから性能のよい軍艦を購入することも大事だとする。また海防は一藩だけの力でなし得ることではないから、仙台・会津・薩摩などと協力して実現しなければならぬと、雄藩の連合を提唱している。

松陰は、ペリーの要求を幕府が一蹴することによって、来年は必ずペリー艦隊との戦闘が始まると思い、藩としては進んだ外国の武器、洋式兵制の採用を説き、また危機に備えるための軍艦建造、オランダからの蒸気船購入などの必要を強調した。

国を開くとしてもまずは一戦交えて、日本の気概を示したあと、条約締結の交渉に入ればよいと考えていたが、一方ではこれを機に幕府が衰亡するのではないかとの予測も立てていたらしく、そのころ兄の梅太郎《うめたろう》にあてた手紙に次のようなことを書いている。

「明春、江戸が総崩れになるのはいうまでもありません。そこで本藩が独自の軍を発して威をとり覇を定める機会は、この一挙の中にあると存じます」

その「威をとり覇を定める」とは、幕府に代わって長州藩が日本の国事を担当しようという意味であろう。だが幕府はペリーとは戦わず、和親条約を結んでしまった。松陰が幕府への強い失望を感じるときである。尊王攘夷《じょうい》の志士たちは条約破棄を叫んだが、松陰は条約を締結した以上、一方的な破約は国としての信義に反するという立場をとる。

松陰はそこで自身の行動計画を組み直した。海外に出ようとするのである。外圧の背景である欧米の先進文明の実態を知らないで、いたずらに攘夷を呼号するのは戦略を心得ない者のすることだと、軍学者でもある松陰は思った。「敵を知りおのれを知れば百戦危うからず」という兵法を実行しようとしているのである。

「夫《そ》レ外夷ヲ制馭《せいぎょ》スル者ハ、必ズ先ヅ夷情ヲ洞《うかが》フ」という『聖武記附録《せいぶきふろく》』の一節に注目し、これを「佳語」として松陰が日記に書きつけたのは、かつて九州を旅行し平戸でそれを読んだときだった。『将及私言』の中で兵器、兵制を西洋に学ぶべきだと説く松陰にとって、海外渡航を希求するのは当然のことである。

嘉永七年（一八五四、十一月の改元で安政元年）三月二十七日の朝、下田港に上陸したアメリカ士官を発見して近づき、「投夷書」を渡す機会を得た。その日の夜、松陰は金子重之《かねこしげの》助《すけ》と共に柿崎の浜にあった小舟を盗んで沖に漕《こ》ぎだした。初めは漁師に頼んだのだが、恐れて断られ、やむなくその手段を選んだのだった。ところが押し出したあとで、この舟には櫓《ろ》杭《ぐい》と櫓綱《ろづな》がないことに気づいた。舟を盗まれないために、櫓の入子《いれこ》（櫓ベソ）に嵌《は》め込む櫓杭がはずしてあったのだ。

苦心惨憺《くしんさんたん》して旗艦ポーハタン号にたどりつく。日本語のわかるウイリアムス（宣教師）が応対に出てきたので、松陰は筆談を交えながら、渡航の希望を述べた。ウイリアムスは、先に松陰らが士官に託した「投夷書」を読んでおり、ペリー提督にも通じていたが、受け入れることはできないと拒絶された。せっかく和親条約を交わした直後、密航者を連れ帰ったことがわかれば、幕府に条約破棄の口実を与えかねないとの不安からである。この二人はアメリカ側の節度を試そうとして幕府がよこした囮《おとり》ではないかとの疑いもあった。

いずれ海外渡航の禁も解けようから、それまで待ったらどうかと、ウイリアムスはなだめるのだが、「今帰ったら死刑になるだろう。帰ることはできない」と、松陰は懸命にねばった。それでも聞き入れられず、陸までボートで送ってやるという。

そのときになって困惑したのは、自分たちが乗ってきた舟を波にさらわれ、夜の海に流してしまったことである。悪いことに佐久間象山が松陰に渡した送別の詩や「投夷書」の草稿、刀をはじめ身のまわりのものすべてを、舟に残していたのだ。ウイリアムスはその舟を探させてやると約束したが、命令が通じなかったらしく、ボートはそのまま真っ直ぐに柿崎海岸に着いた。翌朝、下田役所に出頭し、逮捕された。ペリーは二人の身を気づかい、幕府に使いを送って死刑などに処することのないように申し入れている。

松陰と重之助は、下田の長命寺《ちょうめいじ》に移されたのち平滑《ひらなめ》番所の獄に繋がれた。四月十日、江戸に送られた。縄を打たれ、唐丸駕籠《とうまるかご》に乗せられて東海道を下るのだが、それぞれの駕籠は人足八人が交替で舁《か》き、宿では岡引《おかっぴき》たちが寝ずの番をする。暇をもてあましているそれらの者を慰《なぐさ》めるかのように、松陰は話しかけた。

「阿片戦争を知っておるか。エゲレスという国がシナの上海を攻めたのだ」

阿片戦争の原因、その結果、香港を奪い取られた顚末を語り、「こんどはわが国が狙われる番だ。今、アメリカ国の軍艦がやってきて幕府を威《おど》し条約をむすんだ。まだ次々と異国が押しかけてくるぞ。この先どうなると思う」と、日本が取り巻かれている現状を話し聞かせてやる。

下田の獄にいるときもそんなふうに、牢番を相手に時局を語り、役人までが熱心に耳をかたむけたものだった。

膨大な読書量によって蓄えた世界史の知識、旅を通じて知り得た国内の動き、開国を迎えた時勢への認識など松陰ほどの識見を持つ教師がざらにいるわけはなかった。薄あばたの浮いた顔、何日も櫛《くし》をあてない蓬髪《ほうはつ》、垢《あか》じみた弊衣で身をつつんだ小柄な囚人の口から迸《ほとばし》り出る意外な言葉に、人々は思わず引き込まれて行く——。

江戸まで五日間の旅だった。最初はぞんざいに罪人あつかいしていた護送の同心《どうしん》や岡引たちは、途中から丁重な物腰に変わり、休憩時には茶菓を勧めるまでになっている。

四月十五日、江戸に入り、北町奉行所にむかう途中、泉岳寺《せんがくじ》の前を通りかかる。東北旅行の集合場所とした思い出の寺である。そこには赤穂義士《あこうぎし》が眠っている。

かくすればかくなるものと知りながら已《や》むに已まれぬ大和魂《やまとだましい》

赤穂の男たちの果敢な行動を自分に重ねて、高揚した述懐の歌が、ひとりでに生まれた。北町奉行所に着くと、玄関脇で奉行所の役人に身柄を引き渡された。北町奉行井戸《いど》対馬守《つしまのかみ》の訊問を受けたのち伝馬町《てんまちよう》の牢《ろう》に入った。これが下田蹈海《とうかい》事件である。江戸から萩へ護送され城下の野山獄《のやまごく》に投じられたのが、その年十月二十四日だった。下牢の岩倉獄《いわくらごく》に入った金子は患っており(腸結核という)、翌安政《あんせい》二年一月十一日に死亡した。これから約一年間におよぶ松陰の獄中生活が始まる。

獄中の講義

兵学師範《へいがくしはん》吉田家の人となった松陰は、養父の死により六歳で師範家を継いだ。九歳で家学《かがく》教授見習《きようじゆみならい》として藩校明倫館に出仕した。師家が幼少のばあい、藩校での講義や学生の指導は、先代、先々代の高弟が代理することになっている。

後見人としての彼らはその一方で師家を継ぐ者を徹底的に鍛え上げた。叔父の玉木《たまき》文之進《ぶんのしん》をはじめ数人がその任にあたったが、代理教授は一年で終わり、松陰が明倫館の兵学場で、年長の藩士たちを前に、家学の教授を始めたのは、十歳のときからである。

十一歳の天保十一年（一八四〇）、藩主の毛利慶親《よしちか》（のち敬親《たかちか》）は、少年の講義はどのようなものかと教場をのぞいた。このとき松陰が藩主の前で講じたのは、山鹿素行《やまがそこう》の『武教全書《ぶきょうぜんしょ》』戦法篇のうち三戦の節である。そのよどみない講義ぶりで藩主をおどろかせたが、十三歳の御前講義では詩を賦《ふ》して、さらに藩主を驚嘆させるなど、天才児の噂が城下にひろがった。

松陰はいわば教師になるために生まれたような人だった。意識するとしないとにかかわらず、そうした自分の宿命に身をひたしたのである。彼は、いつどこにいるときも、たしかに教師であった。

目の前にだれかがいれば、ほとんど無意識のうちに教えた。それは教えてやるというよりも、自分が身につけている知識を伝えずにはおれない本能的な衝動ともいえる行為としてあらわれた。また相手が自分よりすぐれたものを持っているとわかれば、へりくだって逆に教えを乞うた。野山獄中では富永有隣《とみながゆうりん》に書を学び、吉村善作《よしむらぜんさく》を宗匠として俳諧の指導を受けている。

松陰は後に著した『講孟余話《こうもうよわ》』の中で、「妄《みだ》りに人の師となるべからず。又妄りに人を師とすべからず。必ず真に教ゆべきことありて師となり、真に学ぶべきことありて師とすべし」と書いているが、同時に次のようにも言っている。

「およそ学をなすの要は己《おの》が為にするにあり。己が為にするは君子の学なり。人の為にするは小人の学なり。而《しか》して己が為にするの学は、人の師となるを好むに非ずして自《おの》づから人の師となるべし。人の為にするの学は、人の師とならんと欲すれども遂に師となるに足らず。(以下口語訳)熊沢蕃山《くまざわばんざん》は中江藤樹《なかえとうじゅ》に師事したが、師弟共に各々その道を得るという関係だった。道はすでに古聖賢《こせいけん》がたいてい言い尽くし、おこない尽くしている。今の学者の多くは、その書を見て口真似するだけだ。古人を超える新見卓識を持っているわけではない。だから師弟共に聖賢の門人のようなものだ。みだりに師と言い、弟子と言うのは、第一、古聖賢にたいして憚《はばか》り多いことではないのか」

その生涯に四度投獄された獄舎にあっても、たちどころに教師となり同囚たちに教えた。伝馬町の牢でもそうだったし、野山獄に入ってからは本格的な講座をひらいたが、松陰は常にみずからを師と位置づけることを嫌った。松陰にとって、教師とは命令者ではなく、同行者だった。やがて松陰主宰による松下村塾にもそれは師弟共学の場として具体的に反映されるのである。塾生へのものやさしい態度、彼らを諸友と呼び、門弟とさえ言わなかった。学問と人間にむける松陰の謙虚な姿勢がそうさせたのだ。

野山獄には松陰をふくめて十二人の囚人がいた。在獄四十九年を筆頭に長期の牢生活をつづけている彼らは松陰のことをよく知らない。突然あらわれた最年少の風采のあがらない囚人に、先輩風を吹かしたりもしたが、日が経つにつれて松陰という人物がただものではないことを感じはじめた。

なにしろ松陰は藩校明倫館の教授をつとめていた学者であり、軍学にかぎらず幅広い学識をたくわえている。長崎から青森まで全国を行脚して国内事情にも通じている。さらに膨大な読書量によって海外知識も豊富だった。

野山獄跡（萩市今古萩町）

野山獄に入った松陰が翌安政二年二月までの間に書いた『幽囚録《ゆうしゅうろく》』を見ると、これは下田蹈海の経緯を軸に、その動機、思想的根拠を述べたものだが、当時の国内の動きはもちろん、ロシアからはじまって、アメリカ・オーストラリア・イギリス・イスパニア・フランスなどの沿革、動静といった海外知識を披瀝《ひれき》し、日本の新しくとるべき対策を考究した約七千字（これを現代語に訳したものではその三倍となる）の大論文である。この『幽囚録』は、佐久間象山への師事、さまざまな遊歴を経た数年間の成果だった。

囚人たちの希望を容《い》れて、松陰はまず当時の時事問題を話して聞かせたが、これは質疑応答のかたちで進められている。安政二年四月に書かれた松陰の『獄舎問答《ごくしゃもんどう》』は、「同囚と口に任せて問答せし事を筆に任せて記し置」いたもので、外交問題・国防・民政などにわたっている。

またこのころから松陰は、獄中の希望者を集めて『孟子《もうし》』の講義を始めた。そのときの草稿で孟子の「性善説」では次のように話している。

「大抵《たいてい》人を殺すのは、身を愛することから起こっている。辱《はずかし》めを受けて怒り人を殺し、また悪事をはたらいて、それが露顕することをおそれて人を殺すのも我が身可愛《かわい》さのためだ。あるいは愛する人のために殺人を犯すこともある。すべて愛の一字より出た行為である。もし愛するということがなかったら、憎むでもなく、殺すこともないだろう。盗みは不義だが、それをおこなうにも義がある。金品を盗んでみずからを利するだけでなく、それを同類に分かち、その妻子を養い、債務を弁済し、また食うために使う」

またこのようにも言う。

「罪はその事実にあり、人にはない。一事の罪をもって、全人格を否定すべきではなく、いわんやその罪を悔いているのなら、これを正常な人間として認めなければならない」

「罪を憎んで人を憎まず」の話を囚人たちに聞かせ、さらに「人それぞれに才能を持っているのだ。やがてこの獄中から一、二の傑物が世に出ることになるかもしれない」と彼らを励ますのである。そのころ松陰はしきりに「獄は福堂」ということをとなえた。獄は囚人を社会復帰させる施設でなければならないとし、そこでの学習計画まで立てている。

「人、賢愚ありと雖《いえど》も各々一二の才能なきはなし。湊合《そうごう》して大成する時は、必ず全備する所あらん。これまた年来《ねんらい》人を閲して実験する所なり。人物を遺棄せざるの要術、これより外まあることなし」（『福堂策』）

「至誠にして動かざるものは未だこれあらざるなり」は、松陰が生涯にわたって座右の銘とした孟子の教えだったが、松陰の『孟子』の講義の中には、随所に松陰自身の人間観が述べられている。「松陰語録」ともいうべきものだが、たとえば「情」についてこう言う。

「情の至極は、理もまた至極せるものなり。余、常に思へらく、凡百の事、みな情の至極を行へば、仁、用ひるに勝《た》ふべからず。人情は愚を貴ぶ。益々愚かにして、益々至れるなり」

人を疑わずというのも松陰の信念だった。

「余、むしろ人を信ずるに失するとも、誓つて人を疑ふに失することなからんことを欲す」

人の善を見るについては、「余、平素、行、篤敬ならず、言、忠信ならずと雖も、天性甚だ柔懦《じゅうだ》迂拙《せつ》なるを以て、平生多く人と忤《さから》はず。また人の悪を察すること能はず。ただ人の善のみを見る。故に宗族郷党より朋友故旧に至るまで、多く余を怒嫉《どしつ》する者あらず」と言う。

また摂受《しょうじゅ》（仏教で、衆生を教化するのに、相手に逆らわずその主張や行為を受け入れながら導くこと）については、軍学にことよせて「折伏《しゃくぶく》（仏教で、悪人や悪法を屈伏させること）は兵の奇なり」とした。「兵は正中に奇あり。奇中に正あり。正あるひは時に奇となり、奇あるひは時に正となる」と言う。これが人を教えるにあたって、松陰が心がけたいわば戦略というものだった。野山獄中で狷介固陋《けんかいころう》と爪弾きされていた富永有隣が、別人のようにおとなしく松陰を敬服するようになったのも、人にたいする松陰の柔軟な姿勢によるものであろう。やがて松下村塾に集まってくる若者たちにも高杉晋作はじめ「頑質」を剝《む》き出しにした扱いにくい人物が少なくなかったが、敢《あ》えて矯正しようとはしなかったのである。

獄中における『孟子』の講義は安政二年六月から十二月までに三十四回をかさね、序説から万章下篇まで進んだところで仮釈放されて野山獄を去った。その後、実家の杉家で続篇を講じたが、これが安政三年に脱稿した松陰の名著『講孟余話』である。

好学の家風

松陰が野山獄を出て帰ってきたとき、杉家の人々はどのように彼をなぐさめ励ますかを親族会議で話しあった。松陰は国禁を破った国事犯だったから、当時の萩城下では多くの人が非難の目をむけていた。事実、松下村塾で開講されてからも子弟を遠ざける親も少なくはなかったのである。

松陰の両親をはじめ肉親たちは彼を信頼し、世間からの白眼視を気にするでもなく、内心の誇りさえ感じていた。そして松陰を励ます方法は、みんなで講義を聴いてやることだとの結論に達した。人にものを教えるときの松陰は生き生きとして、天職を果たす喜びに輝いた。家族はそれを充分に承知していたのだった。

そうした杉家における好学の家風というものを見逃せない。松陰が生まれた杉家は二十六石、無給通《どおり》の下級武士である。無給通というのは、六十石以下で給地を持たない微禄の藩士を意味する。文化十年（一八一三）三月、萩城下の川島で大火があり、そこに住んでいた杉七兵衛《しちべえ》は家財道具など一切を失った。焼け出された一家は城下の東郊松本村に移って、転々と借家住まいの十数年をすごした。

文政七年（一八二四）、松陰の父百合之助《ゆりのすけ》の代になって、松本村護国山《ごこくやま》のふもとの団子岩《だんごいわ》と呼ばれる小高い丘の上にある古い家を探しあてて、ようやくここに定着した。松陰は文政十三年（一八三〇、十二月の改元で天保元年）八月四日、百合之助の二男としてそこで生まれたのである。

杉家における半士半農の生活が始まる。百合之助の弟大助《だいすけ》は山鹿流兵学師範家の吉田家を継ぎ、下の弟文之進は玉木家を継いだが、そのころはまだ兄と一緒に暮らしている。学者一家だった。

杉百合之助は仲与《なかよ》一左衛門《いちざえもん》・有吉十之丞《ありよしじゆうのじよう》に文学を、粟屋太左衛門《あわやたざえもん》に書道を、弟の吉田大助に兵学を学んだほか、礼式・剣術・槍術を修め、また「人となり篤実にして故旧に厚し」といわれた松陰の祖父七兵衛の人柄をうけついだ謹直そのものの武士である。

玉木文之進も経史・詩文・書に通じ、のち藩校明倫館の都講《とこう》をつとめた学者だが、藩内各地の代官を歴任した。明治九年（一八七六）十一月、文之進は嗣子や門下が萩の乱に参加した責任をとって割腹自殺をとげている。剛毅な気質をそなえた武士で、幼少の松陰は彼によるスパルタ式のきびしい学習指導を受けたのである。

松陰が十三歳の天保十三年当時、まだ百合之助と文之進は無役だったので、大世帯の杉家の家計は苦しかった。「矩方《のりかた》（松陰の諱《いみな》）の幼なるや、畎畝《けんぽ》の中に生長し身家稷《かしよく》の事を親《みずか》らしたり」と、松陰が書いているように、武士でありながら農民と変わらない農作業の毎日をすごしていた。その年三月の百合之助の日記がそれを物語っている。

三月朔日　晴天〇肥固屋内ケ輪（内側）壁塗皆済〇麦荒附〇苗代荒起し〇厩《うまや》揚げ、墓掃除ならん〇麦畑草取〇夜中糠《ぬか》取に行

二日　晴天〇麦精《しら》げ〇牛蒡《ごぼう》畠三番打返し〇麦草取〇厩揚げ〇小水かへ〇風呂焚〇夜中十一日　朝雨降、間もなく皆晴〇下の固屋大掃除〇木引来る〇玉文・杉梅・吉大三人連れ小麦津尾寄《つおよせ》〇七つ上り比《ごろ》より出る、平安古《ひやこ》□（不明）迄

このような記載が一年間つづいている。文中、「玉文」とあるのが玉木文之進、「杉梅」が松陰の兄の梅太郎、「吉大」が吉田大次郎《だいじろう》つまり松陰のことである。その他、「わらぢ壱足、梅の分」、「朝わらぢ壱足、大の分」といった記入もある。松陰はすでに藩校明倫館に家学教授見習として出講しているはずだが、そのあいまに農作業の手伝いをしていたことがわかる。

少年時代の多くの時間は、労働についやされたのだ。四書五経《ししょごきょう》の素読《そどく》などは父百合之助が手ほどきしたが、大方は田畑を耕しながらの暗誦口授《くじゅ》で、親子兄弟の和す朗々たる声があたりにこだましたという。この労働の中の学習が、後述する松下村塾の「相労役《あいろうえき》」につながって行くのである。城下を去り、貧しい半士半農の艱苦に耐える杉一族の誇りを支えるのは、その好学の家風だったにちがいない。

松陰の幽室（松陰神社境内）

家族に求められて、松陰は野山獄でやっていた『孟子』の続きを講じた。

「さあ、大さん（松陰の幼名大次郎、のち寅次郎《とらじろう》）の話を聴きましょう」

講義が始まる時刻になると、母親のタキはいそいそと家族に知らせた。タキの実家村田右中《むらたすけなか》の家も好学の一家だった。仏門に入った彼女の兄竹院《ちくいん》は天保十四年に鎌倉の瑞泉寺《ずいせんじ》の住職になり、さらに安政二年には鎌倉の円覚《えんがく》寺《じ》住職、文久《ぶんきゅう》三年（一八六三）には京都南禅寺《なんぜんじ》の住職となった名僧である。二十歳で杉家に嫁したタキはすでに一応の素養を身につけていたが、ほとんど家事と農作業に追われる毎日だったことは松陰が妹に送った手紙の中に述べられている。

タキは子供たちが百合之助や玉木文之進から授けられる素読を自分も熱心に聞き、いくつかの漢詩を愛誦していたという。陽気な性格でもあったらしく、松陰の兄梅太郎が足にあかぎれができ入浴のとき染みるというのを聞いて、「あかぎれはこゐしき人のかたみかな踏み（文）みるたびにあひたくもなる」と狂歌を詠んで家族を笑わせたりもした。安政五年、再び投獄された松陰が心思錯乱して絶食したとき、タキからの手紙を読んでそれを中止したのも有名な話だが、遺されたそれを見ると達筆な字でしたためられており、相当な教養を身につけていたことを思わせる。

松陰の松下村塾が始まったのを、最も喜んだのはタキだったかもしれない。夜おそくまで受講した塾生たちに食事を出すなど、親身に世話をした。村塾の協力者としてもタキ（維新後は瀧子）は忘れられない存在である。

『孟子』が講了したあと、安政三年八月二十二日午後から、『武教全書』の講義を始めた。場所は松陰の幽室か、杉家の居間であろう。その日の松陰の日記によると、外叔《がいしゅく》（母方の叔父）久保五郎左衛門《くぼごろうざえもん》・兄梅太郎・佐々木亀之助《ささきかめのすけ》・梅三郎《うめざぶろう》兄弟・高洲滝之允《たかすたきのじょう》・従弟玉木彦介《ひこすけ》（叔父玉木文之進の子）が、このときの聴講生である。すでに家族だけではなく外からも人がきはじめていた。

講義は原則として二の日と七の日におこなわれ、玉木文之進・父の杉百合之助らも加わって十月に入ると増野《ましの》徳民《とくみん》という十六歳の少年が杉家に寄宿して聴講するようになった。『武教全書』は十月六日に講了、以後松陰の関心は歴史に傾いており、『日本外史《にほんがいし》』『陰徳太《いんとくたい》平記《へいき》』、また『春秋左氏伝《しゅんじゅうさしでん》』(『春秋』の解釈書)や『資治通鑑《しじつがん》』(歴代為政者の鑑《かがみ》とするに足るの意で、周・後周の編年体史書)などシナや日本の史書を講じている。ちなみにこの当時の聴講者の名を挙げると、父兄親戚を除いて次の人々である。

高洲滝之允
佐々木亀之助
佐々木謙蔵《けんぞう》
佐々木梅三郎
中谷正亮《なかたにしょうすけ》
山賀某
倉橋直之助《くらはしなおのすけ》
増野徳民
吉田栄太郎《よしだえいたろう》
高橋藤之進《たかはしふじのしん》
松浦亀太郎《まつうらかめたろう》

松浦松洞が描いた松陰の肖像（山口県文書館蔵）

岡部《おかべ》繁之助《しげのすけ》

このうち多くは松陰が藩校明倫館の教授であったころ兵学門下となった人々である。また高橋藤之進は野山獄時代から松陰に師事するようになった獄吏福川犀之助《ふくかわさいのすけ》の弟、まったく新しく松陰のところにきた者といえば、増野のほか吉田と松浦だった。

吉田栄太郎は杉家の隣に住む足軽《あしがる》の子で、久保五郎左衛門の塾にいたことがある。のち志士となって稔麿《としまろ》を名乗り、池田屋の変で自刃したのはこれから八年後である。次に松浦亀太郎は近くの魚屋の子で画家を志していた。絵描きに必要な教養とされる漢詩を習うのが目的だった。松洞《しょうどう》と号す。彼はついに画家の道を捨て、志士としての短い生涯をとげた。これから六年後のことである。松浦が描いた松陰の肖像画はこんにちまで遺されている。

松陰は増野に無咎《むきゅう》、吉田に無逸《むいつ》、松浦に無窮《むきゅう》という号をそれぞれつけてやって可愛がり、彼らをまとめて三無と呼んだ。「三無生なる者あり。窃《ひそか》に来りて吾れに従《つ》いて学ぶ」と『幽《ゆう》室文稿《しつぶんこう》』の中で述べ、この三人が野山獄にいた富永有隣の釈放に奔走したことを語っている。野山獄に在獄中、松陰は囚人のほとんどが借牢願によって家族から隔離され、長い牢暮らしをしていることを知った。自分が出獄したあと門下に指示して彼らを放免するように運動し、七人の釈放に成功している。その中の一人として出獄した有隣を松下村塾の客員講師として迎えたのは、翌安政四年七月である。

玉木文之進が興した最初の松下村塾（萩市椿東松本）

天保十四年九月、杉百合之助は藩政改革の人材登用で抜擢され、百人中間頭《ひゃくにんちゅうげんがしら》兼盗賊改方《とうぞくあらためかた》に就任した当時、居を団子岩の下に移していた。親戚の瀬能吉次郎が所有していた家を借りたもので（のち買い取った）、現在の萩市椿東《ちんとう》、松陰神社の境内に遺っている杉家旧宅がそれである。

結婚した文之進は同じころ、杉家の近くにあった松陰の養家吉田家の空家に移り住んで「松下村塾」をひらき、近親および付近の子弟を集めた。松本村にある塾というほどの意味である。松陰も幼少のころそこで学んでいる。嘉永二年、藩の代官職についた文之進が閉塾したあと、久保五郎左衛門が受け継いだ。この久保塾は杉家に隣接した五郎左衛門の家を塾舎としたが、松下村塾の名を踏襲した。寺子屋程度の内容で、読み書きそろばんを教えていたが、多いとき七、八十人が集まったという。吉田栄太郎や伊藤利助《りすけ》（博文）もそこの塾生だった。

杉家における松陰の講座は、久保塾と並行して進められた。やがて合併して第三期の松下村塾が生まれることになったのは、安政四年四月ごろで、塾舎はまだ五郎左衛門のところにあった。そこから杉家の庭に移ったのはその年十一月である。こんにち松下村塾といえば、むろん松陰が主宰したこれを指す。

当時、萩城下には藩校明倫館のほかに、いくつかの私塾があった。明倫館の入学資格は士分に限られていたので、足軽・中間の子弟は敬身堂《けいしんどう》で学んだが、ほかにも土屋塾・岡本塾・吉松塾・福原塾などがあり、また藩内には須佐《すさ》の日新堂《にっしんどう》、美祢《みね》の善友塾《ぜんゆうじゅく》をはじめ数十ヵ所に私塾があった。

しかし松陰ほどの学識があり、元明倫館教授という経歴を持つ人物が主宰する松下村塾は群を抜いた存在として知られた。集まってくる者は次第に増えていったが、半面で松陰が国事犯であり、杉家に幽囚中の身であるということで松陰への接近を忌み嫌う人々がいたのもたしかだから、塾生の数もおのずから限定されるものとなった。塾生名簿といったものが遺っておらず、正確にはわからないが常時通ってきて、松陰に直接教えを受けた者が百名を超えることはなかったと思われる。

　杉家の母屋は修復されて現存するが、玄関・台所・廊下・井戸部屋などを除き、八畳間三室・七畳間一室・六畳間一室で、別に松陰の幽室に一間があてられていた。この幽室はもと もと四畳半だったのを、一畳半を神棚と仏壇に使っているので三畳である。小人数なら窮屈でも幽室で講義できる。受講者が多いときは別の間に移ったのだろうが、そのうちに寄宿生まで受け入れるとなればもてあますようになる。百合之助と久保五郎左衛門が相談して、新しい塾舎をつくることに決したのは安政四年十一月ごろだった。

　藩政府に開塾願を提出し、正式に許可を得たのはずっとあとの安政五年七月である。その後五ヵ月で閉鎖されるのだから、このときはようやく最盛期を過ぎようとするころである。つまり松下村塾での教育期間は安政三年八月から五年十二月までの二年間ということになるが、実質的には塾舎が完成した安政四年十一月から一年間といってよい。

第二章　割拠の思想

塾舎

本来「塾」という名称はどこからきたものかといえば、これは中国からだとされている。古くこの国では一族が塀をめぐらし、房舎を集めて生活した。門の左右にある堂舎が塾と呼ばれた。そこは門内の児童の集会所となり、一族の長老が子供たちを指導監督した。ここから塾は学舎の意味をもつようになったという。わが国で私設の学舎を塾と呼ぶようになったのは、江戸中期からだろうといわれている。そうした私塾と区別するために、藩校は明倫館、日新館、敬業館《けいぎょうかん》など「館」と名付けられた。

入門とは塾舎の門を入ることを意味しているが、堂々と門を構えるほどの私塾はほとんどないだろうから古義にのっとった言い方である。松下村塾のばあいは、杉家の質素な門がそれにあたり、松陰の教えを乞う若者たちはその門をくぐって杉家の庭の一角にある塾にやってきたのである。

その塾舎は、杉家の物置を改造したといわれるが、隣家佐々木四郎兵衛の家屋の一部をゆずってもらい、杉家の庭に移築したという説もある。いずれにしても八畳一間の広さだ

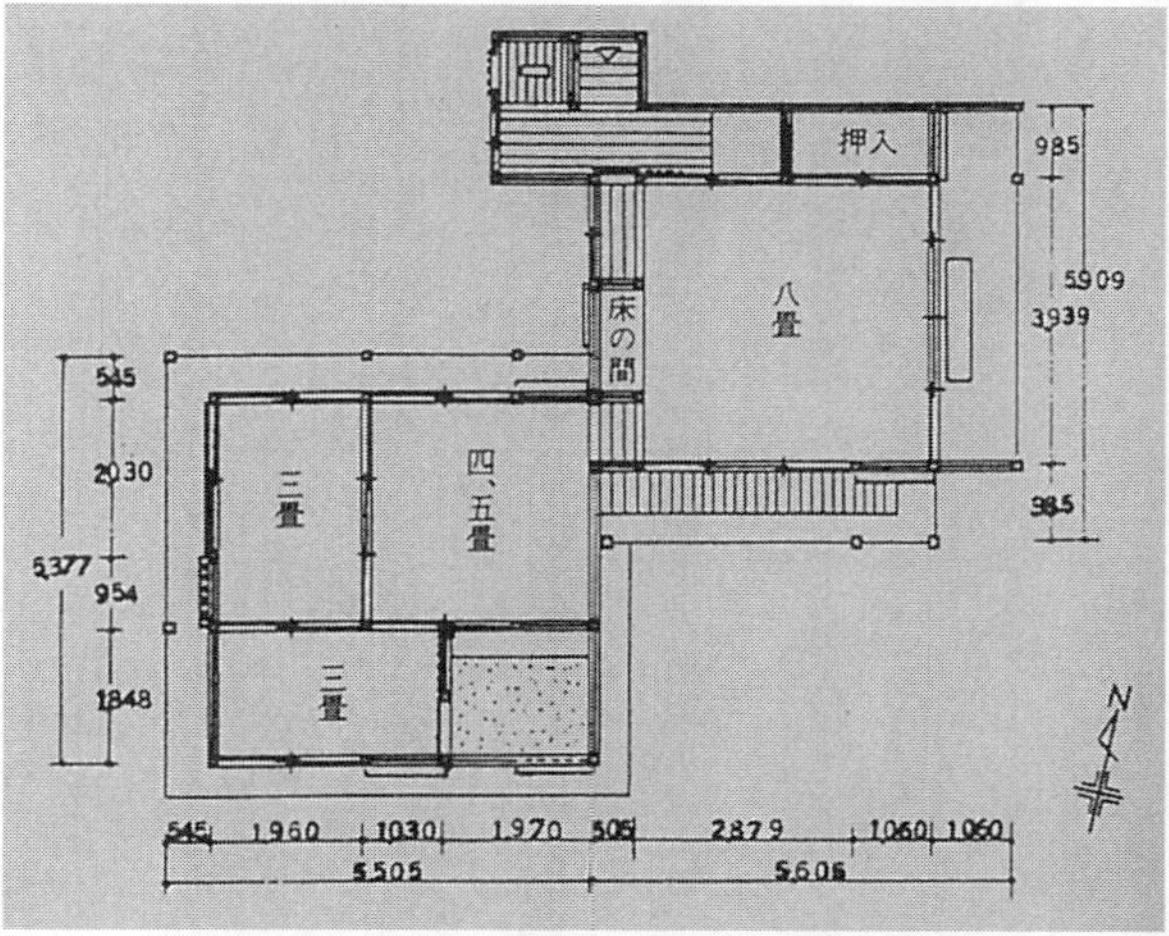

安政五年増築時の松下村塾平面図（『史跡吉田松陰幽囚の旧宅保存修理工事報告書』より）

った。

　安政四年（一八五七）に入って塾生が急増し、収容しきれないので増築することになった。城下の空家を安く買い取り解体して古材を使い、柱組みだけは大工に頼んだ（心得のある中谷正亮がやったとする説もある）が、あとは塾生たちの手で屋根葺《ふ》き、壁塗り、座板・天井を張った。工事は安政五年二月から始まり、三月中旬には新塾が完成した。松陰自身も作業に加わっている。

　松陰の兄梅太郎（民治《みんじ》）が所蔵していたとされる古い間取図を見ると、八畳の講義室の正面の右側は押入である。また塾舎の横に土蔵づくりの建物があり、正面に神棚、左右に書籍棚がついた四畳半の部屋となっているが、その土蔵が使われたという記録はなく、それがいつ取り壊されたかも不明である。

講義室の押入の半分をつぶして廊下とし、外に掛け出した便所につづけたのは、増築のとき改造したのだろう。現在、松陰神社境内に保存されている松下村塾は明治二十三年に修復されたが、その後、昭和三十三年の修復のとき便所は解体された。安政五年三月増築完工時の塾舎の平面図は前頁に掲げたとおりである。

これで八畳・十畳半・土間一坪の塾舎が完成した。八畳の間は従来の講義室、増築部分の土間は炊事場と入口を兼ね、三畳を塾生の荷物置場、あとの三畳・四畳半を塾生控室とした。塾生控室の上は中二階となっており、ここは松陰の執筆部屋となった。思索にふけるときは、正座して目を半眼に開き、引き抜いた短刀の刃を凝視していたという。

「山県元帥（有朋）の話に、稔麿（吉田栄太郎）が吾輩に絵を書いて見せたことがある。その絵は一番初めに鼻輪を通さぬ離れ牛を書き、その次に坊主頭で裃《かみしも》を着て居る人がある。その次には木剣があり、またその次には棒がある。それで吾輩がこの絵はどういふ意味かと尋ねると、稔麿の答にこの離れ牛は高杉晋作である。これは中々駕馭《がぎよ》の出来ない人である。坊主頭で裃を着て座つて居る人は久坂玄瑞だ。これは廟堂に座らせて置くと堂々たる政治家である。その次の木剣は入江《いりえ》九一《くいち》である。入江は偉いが、まだ本当の刀でない。木剣位である。それからその次の棒は誰かと聞くと、この棒はお前であると答へた。実に人を馬鹿にしたものだといふて笑はれました」（中原邦平『東行先生略伝』）

はじめ講義室一間だった塾舎に控室ができたので、塾生たちはそこでくつろぎ、談話室として互いの親睦を深めることができた。山県が語るそんな風景も見られたのである。増築は単に塾生増加に対応しただけでなく、村塾に新しい機能を加えたということでもあった。講義が深夜におよび、塾生たちが文机を片づけて宿泊するようになったのは、すでに杉家での講義のときからだが、増築完成後には寄宿生を増やすこともできた。前後して塾生の数もにわかに増加し安政四年から翌五年にかけて次のような人々が入塾した。

久坂玄瑞
高杉晋作
伊藤利助（博文）
尾寺《おでら》新之丞《しんのじょう》
有吉《ありよし》熊次郎《くまじろう》
中村《なかむら》理三郎《りさぶろう》
岸田《きしだ》多門《たもん》
佐世《させ》八十郎《やそろう》（前原一誠）
山県小輔《こすけ》（有朋）

時山直八《ときやまなおはち》
野村和作《のむらわさく》（靖《やすし》）
入江杉蔵《すぎぞう》（九一）
岡部富太郎《とみたろう》
天野清三郎《あまのせいざぶろう》（渡辺蒿蔵《わたなべこうぞう》）
冷泉雅二郎《れいぜいまさじろう》（天野御民《あまのみたみ》）
品川弥二郎
飯田吉次郎《いいだきちじろう》

このあたりで松下村塾の主要な顔ぶれはそろったことになる（塾生については巻末の「関係人名録」参照）。塾生名簿が遺されていないので、確かな数はわからない。長くつづかなかった人もふくめればかなりの在籍者がいたと思われるが、松陰の書き著した文稿や手紙などに名が出てくる主な塾生はおよそ三十人を数えることができる。

松陰が明倫館教授時代、その兵学門下となって起請文《きしょうもん》に署名しているのは二百三十二人である。江戸練兵館の道場主斎藤弥九郎《さいとうやくろう》や桂小五郎《かつらこごろう》といった人々の名も見える。桂小五郎は早く江戸に出たので、松下村塾には関わらなかったが、兵学門下として、また友として親密につきあい、松陰の死後は松下村塾出身者たちへの指導的役割も果たした。その他、兵学門下

松陰が使った講義机（松下村塾蔵）

で松下村塾に入った者も少なくない。塾舎の増築後は新しい塾生もやってくるようになり、松下村塾は連日の賑わいを見せた。幽囚中の身だから、表むき久保五郎左衛門の塾としていたが、松陰が主宰であることはいつか知れわたっている。

塾舎の玄関――控室の入口――に現在も懸かっている看板には「松下邨塾」と書かれているが、これは梅田《うめだ》雲浜《うんぴん》の筆になるものといわれている。塾生だった渡辺蒿蔵は、「そんなもの見たことはない。看板はなかつた。塾中には大原三位《おおはらさんみ》の七生《しちしょう》滅賊《めつぞく》の幅のみであつた」と証言し、これを収録した『吉田松陰全集』（山口県教育会編、以下『松陰全集』と呼び、読みやすくするため適宜句読点を付し、漢字・送り仮名なども一部変更する）では、編者広瀬豊《ひろせゆたか》の頭注で「雲浜の書は察するに看板にあらずして額なりしならん。かつ久保氏主宰の時代故、久保家の方にありしものならん」としているので、たしかなものではないようだ。

安政三年十二月、梅田雲浜が松陰を訪ねてきたのは事実である。そのことは松陰の書簡に書かれており、以前、松陰が京都の雲浜を訪問したことへの返礼らしく、禅について少しばかり会話を交わしただけだった。後年、大獄で捕らえられた雲浜が松陰と会ったことを評定所で自供したことから、二人が謀議したのではないかと幕府に疑われ、松陰の江戸召喚の契機となった。

雲浜との謀議は否定したが、御所の中に落とし文をした者がおり、それが松陰の筆になるのではないかという疑いもあったので追及された。これは使用した用紙や筆跡で松陰のものではないことがわかり、すべての嫌疑は晴れたが、評定所で幕政にたいする意見を述べようとして間部詮勝《まなべあきかつ》暗殺未遂事件のことを自供し、たちまち重罪犯となって投獄された。このことが処刑の要因となるのだが、江戸召喚のきっかけを作ったのは雲浜であり、彼は開塾早々の松下村塾に災厄をはこんできたことになる。

もともと松陰は雲浜の尊大な態度を嫌い、懇意にしていた周防《すおう》の勤王僧・月性《げっしょう》の悪口を彼が言っていることにも不快感を抱いていたことが書簡に書かれている。そんな雲浜の字を松下村塾の看板にするはずはなかったかもしれない。

塾生控室の柱には、今も刀痕が遺っている。野村靖（当時は和作）は、「左様《さよう》な狂暴の行は先生の平生禁ずる所なれば、決してあるべきに非ず。もし行ふものあらば、先生豈《あに》之れを容《ゆる》さんや」（『日本及日本人』第四九五号）と、否定しているが、彼はその場にいなかったのである。

松下村塾の塾生控室の柱に遺る刀痕

松陰が再び投獄されて不在だった安政六年二月、塾生の佐世八十郎（前原一誠）が長崎に西洋兵術伝習のため出発するというので、塾生たちがここで送別会をひらいた。松陰はその模様を獄中で聞き、江戸にいる高杉晋作らにあてた手紙の中に次のように書いている。塾生のだれかが刀を抜いて柱に斬りつけたのは事実のようである。

「平時喋々《ちょうちょう》たるは、事に臨んで必ず唖《あ》、平時炎々《えんえん》たるは事に臨んで必ず滅す。孟子、浩然《こうぜん》の気、助長の害を論ずるを見るべし。八十（前原）送行の日、諸友剣を抜く者あり。また聞く、暢夫《ちょうふ》（高杉の字《あざな》）江戸に在りて犬を斬るの事あり。是《こ》れ等の事にて諸友気魄衰苶《でつ》の由を知るべし。僕今死生念頭全く絶えぬ。頭断場へ登り候はば血色敢へて諸友の下にあらず。然《しか》れども平時は大抵用事の外一言せず。一言する時は必ず温然和気、婦人好女の如し。是れが気魄の源なり」

江戸遊学中の高杉晋作が、酔余、走ってきた犬を一刀両断し、村塾の送別会で誰かが抜刀して柱を傷つけたという噂を耳にして、その乱暴な行為をたしなめたものである。高杉は久坂らの政治運動に参加できないことを悩みながら酒色におぼれようとしているころだった。また前原の送別会とはいえ、松陰門下たちの鬱屈した気持ちが酔いとともにあらわれたのであろう。松下村塾の出身者たちが行動を起こすのは、松陰が安政大獄最後の犠牲者として処刑されて以後のことである。

松陰の死後、松下村塾は小田村伊之助《おだむらいのすけ》（松陰の妹婿、楫取素彦《かとりもとひこ》）・久坂玄瑞・久保五郎左衛門が継いだが長くはつづかなかった。慶応《けいおう》元年（一八六五）から明治三年（一八七〇）まで門下の馬島甫仙《まじまほせん》、明治四年から玉木文之進が再興した。明治九年に文之進が死んだので、松陰の兄杉民治（梅太郎）が塾名を受け継いで明治二十年ごろまでつづいた。

塾舎は明治二十三年に門人の野村靖らが中心となり、傷んでいた建物を修復して保存措置を講じ、大正十一年（一九二二）十月、史跡に指定された。萩市椿東の松陰神社境内に現存する塾舎の位置はそのままで、当時の原形をほぼ忠実にとどめている。

入塾

来る者は拒まず、去る者は追わずという松下村塾には、士庶の別を問わず入塾を許した。藩士・足軽・中間・僧侶・商人と身分はいろいろで、時には町の無頼少年もやってきた。年齢も十二歳から四十歳を超えた者までいたが、やはり十代、二十代が中心だった。

入塾するときの様子は、横山幾太《よこやまいくた》（大正から昭和にかけて活躍した文筆家横山健堂《けんどう》の父）の回顧談（『松陰全集』関係雑纂）によってうかがえる。

「余、年十七の時、松陰先生その身元杉の家に預けられ居られ、近所の者私《ひそ》かに読書を学ぶと聞き、天野御民一日松下に遊び、或る人の紹介にて謁《えつ》を執りたる由を話する故、余もせめて先生の面目だけにても見ばやと、天野に伴はれ松下杉家に至りしに、一人の面目醜陋《しゆうろう》なる人面会し、仮名まじりの書を授け、かつ取り帰り読むべしと命ぜり。余、帰路言ふに吉田先生は未だ壮歳と聞くに似ず、かつ鬼神の如く非常人なる先生にしては、その容貌言語一も人を動かすに足るものあるを見ずと、佐訝千万《けげんせんばん》なり。天野、余の佐訝の状あるを察してか、曰く、『今日の人は先生に非ず、富永有隣と云ふ人なり。先生漫《みだ》りに他人に会するを厳禁せる。故に両三日富永に学びたる後にあらざれば先生の室に至るを得ざるなり……』と」

富永有隣は松陰が野山獄に入ったときの囚人の一人で、本名は弥兵衛《やへえ》。藩士の家に生まれ、明倫館の学頭山県太華《やまがたたいか》について儒学を学び、出仕して小姓役《こしようやく》・配膳役などをつとめたが、性狷介《けんかい》で敵が多く、讒言《ざんげん》にあって萩の沖にある見島《みしま》に流され呼びもどされて野山獄に入れられた。藩内有数の書家でもあった彼は、凶暴な性格を恐れられ獄でも持て余し者だったが、松陰に感化されておとなしくなった。松陰は言う。「富永、書法趙子昂《ちようすごう》を祖とし、尊円親王《そんえんしんのう》を宗とし、筆頗《すこぶ》る健、論頗る密、又よく人を導く。妙々」

松下村塾の塾生が増加してから、松陰は有隣の釈放に動き、出獄した彼を賓師として迎えた。安政四年九月、村塾にやってきた横山幾太が松陰と間違えたのは有隣で、このとき三十七歳だった。

最盛期には、有隣のほか江戸遊学を終えて帰ってきた久保五郎左衛門の長男清太郎《せいたろう》が手伝うようになり、村塾の運営にもあたった。入塾希望者には、まず有隣か清太郎が面接したのであろう。「両三日富永に学びたる後」でなければ松陰に会えなかったとあるが、つづけて幾太は次のように語っているので、さほど慎重な手続きではなかったようだ。

「松下に至る以上は先生に謁するまで往くべしと、明日また至る。すでにして人あり。来り此方へ来るべしと報ず。至れば先生在り。その容貌、言語果して人に異なり、先生曰く。『勉《つと》むべし』（言語頗る丁寧なり、御勉強されられい）。余、拝して退き他の室にて例の仮名まじりの書を読む（七、八人もあり）。先生、突然、余の前に座し、余が読むところの書を取り、一節を読み、かつ曰く。『この書は常陸帯と名づく。水戸人藤田彪《ふじたたけき》の撰むところ……』」

この中にあるように、入塾者にたいして松陰が最初に投げかける言葉は「御勉強されられい」だったという。また「何のために学問するか」と問いかけた。

「初めて先生に見《まみ》え、教を乞ふものに対しては、必ず先《ま》づ何の為に学問するかと問はる。これに答ふるもの、大抵、どうも書物が読めぬ故に、稽古してよく読めるやうにならんといふ。先生乃《すなわ》ちこれに訓《おし》へて曰く、学者になつてはいかぬ、人は実行が第一である。書物の如きは心掛けさへすれば、実務に服する間には、自然読み得るに至るものなりと。この実行といふ言は、先生の常に口にする所なり」（『松陰全集』関係雑纂「渡辺蒿蔵談話」）

松下村塾の講義室の柱には、孟宗竹《もうそうちく》に彫った聯《れん》が懸けてあった。

自非読万巻書　安得為千秋人　（万巻《まんがん》の書を読むに非ざるよりはいづくんぞ千秋《せんしゅう》の人になるを得ん）

自非軽一己労　安得致兆民安　（一己の労を軽んずるに非ざるよりはいづくんぞ兆民《ちょうみん》の安きを致すを得ん）

万巻の書を読破する気概なくして、どうして千秋の人となり得ようか。自分に与えられた労を軽んずるようで、どうして兆民に安住平和をもたらす人となり得ようかというのである。塾生は毎日それと対面させられた。

月謝

塾生たちの学費はどうなっていたか。

入塾するとき手土産程度の束脩《そくしゅう》は受け取った。束脩は入門のしるしとして師に贈る礼物だが、もともと入門の儀式を言ったもので、馬島春海《まじましゅんかい》（甫仙とは別人）は次のように語っている。

「吾れ十六、七歳のころ瀧弥太郎《たきやたろう》氏と共に村塾に詣り、初めて先生に見え、束脩を行ふ。曰く、『謹みて教授を乞ふ』。答へて曰く、『教授は能《あた》はざるも、君等と共に講究せん』と。すでにして辞し去る。先生送りて昇降口に至る。吾等少年に対してその謙遜なることかくの如し。越て二日の夜、瀧氏と塾に至り通鑑（資治通鑑）を会読す。すでにして寅鐘《いんしょう》（午前四時）を報ず。先生曰く、『今から寝るも無益なり。君等は詩を作るか、請ふ韻《いん》を分《わか》たん』と。時、窮陰《きゅういん》（十二月）に属す。各々炬燵《こたつ》に仰臥して詩を按ず。しばらくして先生韻字本を取り、数次忽《たちま》ちにして長篇を賦す。その時を惜しみ、かつ勉強せらるることかくの如し」（同前・天野御民「松下村塾零話」）

年少の入塾者を迎えるときのへりくだった態度に心を打たれている光景や、親しく彼らに接する松陰の様子を髣髴《ほうふつ》とさせる。

月謝は不要だった。天保年間（一八三〇〜一八四四）に入って間もなく旱魃《かんばつ》、風水害がつづき米の不作で農民一揆が発生、藩は財政改革の急務に追われていた。きびしい年貢取り立てに農民は苦しみ、武士たちも禄の支給は三分の一という窮迫にあえぐ情況は安政のこのころになっても変わらなかった。

幕末の私塾の月謝は、普通で年間一両二分、それと盆と暮れのつけとどけをふくめ倍近くになる。今でいえば二十万円前後というところか。適塾は比較的安く、それでも年間一両弱、咸宜園が〇・五両だった。萩城下では、そうした有名塾ほどでないにしても、教師が塾の経営で生活している以上相当な謝礼を出さなければならない。松下村塾の塾生の多くは下層の家に生まれた人々だから、余分の学資を調達して私塾に通うなどは贅沢と言ってよく、学問のある父親が家庭で授ける家も多かった。月謝のいらない松下村塾は、それだけでもありがたい存在だったにちがいない。

寄宿生は米を持ってきて、調理は自分でした。「松下村塾食料月計」という記録が遺されており、当時の様子をしのばせる。月謝は不要だったが、寄宿生が消費する米については厳密に計量し松陰自身が記帳した。杉家に迷惑をかけまいとする配慮もあったのだろう。安政五年六月のそれによると、六人が寄宿しており、松陰も一緒に食べるので一斗四升五合を出している。

一、米六斗六升　七合五勺替
　白にして六斗四合壱勺
　六斗四合壱勺　七合替
　　内
米九升　富永
同六升三合七勺五才　岡部
同弐升　徳民
同壱斗壱升　山根
同八升五合　富樫

同壱斗四升五合　松陰
同弐升五合　村上
〆五斗三升八合七勺五才
外に壱升壱合弐勺五才
残り　米壱斗壱升　来月分へ之れを受く

夜おそくまで勉強したり講義が食事時に及ぶと、家に帰ろうとする塾生を引きとめ、杉家の飯などを持ってきて食べさせた。

「諸生、弁当持ちにて来る。弁当を持たぬもの、食時に至りて自宅に帰らんとすれば、半途にて事を中止せしめず、必ず為し了らせ、飯は食はせると云ひて、杉家の台所に往きて、小飯櫃《こめしびつ》に飯を入れて持ち来らせ、師弟共に食ふ。菜は沢庵漬《たくあんづけ》位なり。杉家にも、これらの事には心遣ひして馳走せしなり」（「渡辺蒿蔵談話」）

松下村塾は、完全に松陰の奉仕によって経営された。杉家からかなりの経費が注ぎこまれたはずで、いずれにしても「学商」ではなかったのである。

松下村塾全景（松陰神社境内）

友情

松下村塾は身分と年齢、またすでに藩校や私塾でかなりの学識を身につけた者、水準以下の者など実にさまざまで、雑多な寄り合いである。これが一つ屋根の下で机を並べて学習活動するについては、まず身分の問題がある。

同じ藩士でも寄組《よりぐみ》・大組士《おおぐみし》・無給通の身分差、それも禄高によって上下関係があり、家臣が私的に雇った陪臣《ばいしん》（又家来《またげらい》と蔑まれ、藩士ではなかった）、そうした武家機構の最下層に足軽・中間がいる。医師でも藩医と町医者の格差、さらに農工商の順序で庶民が裾野をつくっている。封建社会の秩序をたもつ人間の序列は厳然たるものだ。細い道の向こうから藩士が歩いてくると、足軽・中間をはじめ庶民は道のわきに避けて低頭し、相手が行き過ぎるのを待たなければならないというご時世である。

松陰はそうした身分差を一切無視した。学問をする上に、身分意識など余計なものだとし、人間は平等であるという松陰の信念は、その言動の随所にあらわれている。

たとえば安政四年に松陰が書いた『討賊始末《とうぞくしまつ》』は、大津郡の登波《とは》という女性が夫の幸吉《こうきち》と共に父や兄を殺した浪人を追い、幸吉病死のあと、登波がついに仇討ちを果たすまでの顚末を内容とするものだが、幸吉夫婦は被差別民だった。「一段見下げらるる程の者なるに、彼の幸吉夫妻の所為は、あつぱれ大和魂の凝固せる士大夫にも愧《は》ぢざる節操なり」と絶賛し、後日、登波を松下村塾に招いて塾生たちと共に話を聞き、杉家に宿泊させている。

塾生は登波の話に感激して、われわれも奮起しようと誓いあい、彼女に揮毫《きごう》を頼んだりもした。

豊後日田の有名塾・咸宜園をひらいた広瀬淡窓も、「均《ひと》しく是れ人也」の平等思想を説き、入塾する者に「三奪」を宣言した。年齢・学歴・身分を無視するというのである。咸宜園で序列があるとすれば、それは学業の成績にほかならなかった。大坂の適塾もそうだった。ここは蘭学塾だが、西洋医学も教えた。その『扶氏医戒之略《ふしいかいのりやく》』には、「病者に対しては、唯《ただ》病者をみるべし。貴賤貧富を顧ることなかれ」の一節がある。

松陰はそれをことさら言葉に出して教えはしなかったが、身分のへだてなく人に接触する現実の行動で理解させたのである。封建社会の人間関係は、すべて縦につながっている。松下村塾では、塾生の身分、年齢の別にこだわらず横に並べ替えた。松陰は塾生を「諸生」と言い、「諸友」と呼んだ。高杉晋作に与えた佐久間象山への紹介状には、この者は自分の「友人」であると書いている。師弟の枠をもはずして、松陰自身が友人として塾生の輪の中に入って行くのである。そこでは階層を無視した封建社会では希有な友情と連帯感が醸成された。のち松下村塾の同窓生たちは、志士として危険な討幕運動に身命を投じたが、「松下村塾党」と呼ばれた彼らのかたい結束の根底には、村塾時代にはぐくんだ友情がはたらいていたに違いない。

高杉晋作は人一倍武士意識の強い男だったが、奇兵隊《きへいたい》を結成するとき、真っ先に商人白石《しらいし》正一郎《しょういちろう》を頼った。商を卑しむ儒教的な教養を身につけた武士からは生まれないこの発想も、松下村塾出身の彼にして可能だった。正一郎は廻船問屋をいとなむ豪商だったが、奇兵隊の会計方となり私財を投げ出して、維新後に倒産した。そのようにも協力したのは、高杉との身分を超えた友情によるものだった。

華夷弁別

安政三年九月、松陰は久保のために『松下村塾記』を書いているが、それには松陰自身の考え方が打ち出されているので、当時すでに久保塾との合流の話しあいがあったことがわかる。そしてこれは松下村塾を理解するための重要な資料の一つである。

「誠に邑人《むらびと》をして、皆進みて上等の選たらしむれば、則《すなわ》ち吾れの前言未だ必ずしも其の大なるを憂へざるなり」と松陰は言う。ここに集まった松本村の村民が、上等の塾生として励むなら、自分の前言が、決して大言壮語に終わらないだろうというのである。その前言とは何か。大要次のようなことが『松下村塾記』に書かれている。

長門《ながと》の国は僻地《へきち》であり、山陽の西端に位置している。萩城のあるところは海を背にして山に面し、湿って陰気な土地だ。豪族吉見《よしみ》氏の居館の廃墟というが、昔からほとんど知られていない。長州藩の本拠を定めたことによって、ようやく一つの都会をなした。この萩城下の東郊にわが松本村はある。南に大きな川が流れている。川の源は数十里の奥にあり、よくは調べられていない。平家が隠れた場所だともいう。北東に唐人《とうじん》・長添《ながそえ》の二つの山があり、長添は松倉氏が大内氏に攻められて敗れ、大将は淵に身を投げて死んだ。そして今は徳川氏のために閉じ込められた毛利氏の士農工商各階級の者千人が、その山と川の間に暮らしており、そこからは秀れた人物が久しくあらわれていない。

私はつねに怪しんでいる。鬱然たる憤怒不平の気が流れて川となり、そばだって山となり、発して人物となり得ないのかを。山川の気を一変して奇傑非常の人を起こすことなく、萩城の陰暗久しきことを。

しかし萩城もこのままであるはずはなく、将来大いに顕現するとすれば、それは東の郊外たる松本村から始まるだろう。私は去年獄を出て、この村の自宅に謹慎していたが、父や兄、また叔父などのすすめにより、一族これに参集して学問の講究につとめ、松本村を奮発震動させせんと願う。

叔父玉木文之進の興した家塾は松下村塾の扁額を掲げた。外叔久保五郎左衛門もそれを継いで、村名にちなむこの称を用い、村内の子弟教育にあたっている。その理念は「華夷《かい》の弁《べん》」を明らかにすることである。豈《あに》、一勝区一都会のみならんや、長門は西端の僻地といえども奇傑の人物は必ずここから輩出するであろう。天下を奮発して、四夷を震動させる日を期して待つべきである。私は罪囚の余にあるものだが、さいわい玉木・久保両先生の後を継がせてもらえるなら、敢えてその目的遂行に献身的努力をはらいたいと思う――。

そこに見える「華夷の弁」を明らかにするとはどういうことか。もともと華夷思想とは儒教とともに中国からわが国に渡ってきたもので、平安朝のころすでにみられる中華思想である。自国を中華として、東夷《とうい》・西戎《せいじゅう》・南蛮《なんばん》・北狄《ほくてき》というように周囲の異民族を蔑視する古い中国人の考え方だ。しかし中国人が夷狄《いてき》を軽視するのは人種的差別観ではなく、文化の程度が低い者への対し方だということは注目すべきだろう。春秋時代の楚《そ》が、はじめは夷狄あつかいされながら、やがて文化水準を高めるにつれてその蔑称を消されていった例もある。

江戸時代、わが国の儒学が全盛時代を迎えると、誤った華夷思想がはびこって、日本そのものが夷狄だとみずからを卑《いや》しめる者さえいた。そうした風潮を是正しようとしたのが華夷弁別で、何が「華」で何が「夷」かをわきまえることが大事だと、浅見絅斎《あさみけいさい》らによって強調された。

「夫れ天地の外をつつみ、地往くとして天を戴かざる所なし。然れば各々其の土地風俗の限る所、其地なりに天を戴けば、各々一分の天下にて互ひに尊卑貴賤の嫌なし」

つまり自分の生まれた土地に劣等感を抱く必要はなく、その場所で励めばそこが「華」だというのである。

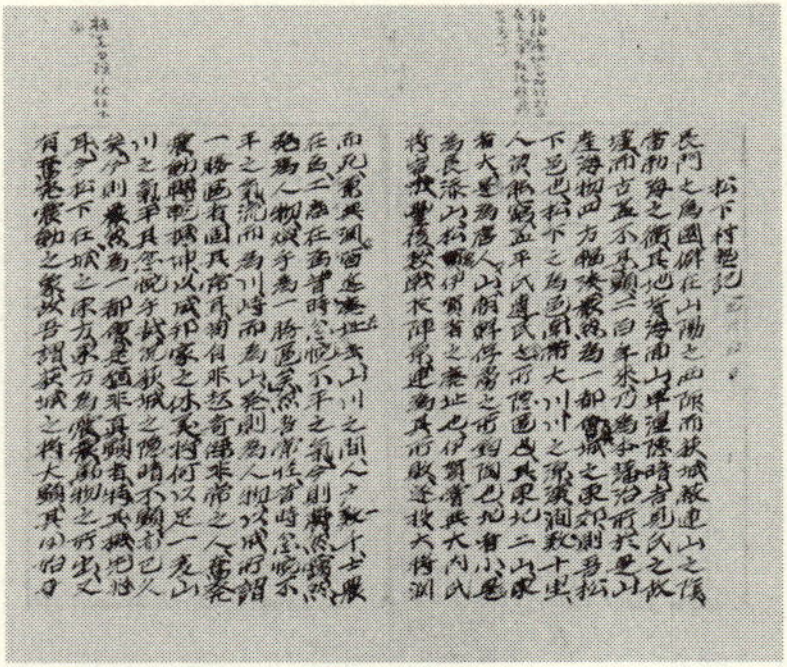

『松下村塾記』（山口県文書館蔵）

そのころ松陰は「泰平久しかるべし。ああ悲しいかな」と、ある人への手紙に書いた。松陰は乱を好む人かと誤解を招く言葉だ。「泰平が長くつづくのは結構ではないか」と反論された。松陰は泰平がつづくことを悲しむのではないと言う。

若い人材が江戸に集中し、地方が疎外されつつある現象を憂え、働くことを嫌う享楽的な風潮が瀰漫《びまん》する世の中を嘆いた。華夷弁別は、徳川幕府に押し込められ日本海に臨む僻地を脱出しようにもそれができず、憧れの視線をはるかに投げながら鬱屈している長州の若者たちを激励する言葉でもあったのだ。

「華夷の弁」とは、松本村という寒村にただよう辺境の劣等感を克服して、そこにすぐれた文化環境を築きあげようとする高い決意にほかならなかった。松下村塾が天下を奮発震動させる奇傑の根拠地になるだろうという松陰の絶大な自信と期待にあふれたこの予言は、彼の死後において現実のものとなったのである。

この『松下村塾記』は、村塾における〝建学〟の理念を披瀝した重要資料なので、ここに全文をかかげておこう。

『松下村塾記』（原漢文）

長門の国たる、僻《へき》して山陽の西陬《せいすう》にあり、而して萩城は連山の陰を蔽《おお》ひ、渤海の衝《しょう》にあたる。その地海を背にして山に面し、卑湿隠暗、吉見氏の故墟にして、古は甚だしくは顕はれず。二百年来、乃ち本藩の治所となる。ここに於てか、山産海物、四方より輻輳《ふくそう》し、厳然として一都会となれり。

城の東郊は則ち吾が松本邑なり。松下の邑たる、南に大川《だいせん》を帯ぶ。川の源は渓澗《けいかん》数十里、人よく窮むるなし。けだし平氏の遺民かつて隠匿せし所なり。その東北の二山、大なるものは唐人山となし、朝鮮捕虜の鈞陶《きんとう》する所なり。小なるものは長添山となし、松倉伊賀の廃址なり。伊賀かつて大内氏の将岩成《いわなり》豊後と、数々《しばしば》陣原に戦ひ、連《しき》りに敗るる所となり、遂に大将淵に投じて死す。原と淵と、今皆存すと云ふ。

山川の間、人口一千、士農あり、工商あり。昔時の忿惋《ふんわん》不平の気、今は則ち鬱然《うつぜん》靄然《あいぜん》として、発して人物となり、煥乎《かんこ》として一勝区をなせり。然れども吾れ常に怪しむ。昔時の忿惋不平の気、流れて川となり、峙《そばだ》ちて山となり、発しては則ち人物となり、以て所謂《いわゆる》一勝区をなすものは、もとよりその常のみ。いやしくも奇傑非常の人を起し、奮発震動して、乾《けん》を転じて坤《こん》を撼《うごか》し、以て邦家の休美をなすに非ざるよりは、まさに何を以てか山川の気を一変して、その忿惋を平かにするに足らんや。況《いわん》や萩城の隠暗にして顕はれざること、またすでに久しきをや。今は則ち厳然として一都会たれども、これ猶《な》ほ真に顕はるるものに非ず。ただその機の先兆《せんちょう》のみ。

今、松下は城の東方にあり。東方を震《しん》となす。震は万物の出づる所、また奮発震動の象《しるし》あり。故に吾れ謂《おも》へらく、萩城のまさに大いに顕はれんとするや、それ必ず松下の邑より始まらんかと。

去年、余、獄を免され、松下に家居し、外人に接せず。独り外叔《がいしゅく》久保先生及び諸従兄弟、時々過訪し、よつて共に道芸を講究す。家厳・家叔《かしゅく》と家兄と、また従つて之れを奨励せらる。吾が族の盛大なる、けだしまさに往々一邑を奮発震動せんとするなり。初め家叔先生の徒を集めて教授せらるるや、その家塾に扁して、松下村塾といふ。家叔すでに官となり、その号久しく廃せり。外叔すでにして邑の子弟を会して之れを教へ、その号を沿用す。頃《このご》ろ余に命じて之れを記せしむ。

余曰く。「学は、人たる所以《ゆえん》を学ぶなり。塾、係《か》くるに村名を以てす。誠に一邑の人をして、入りては則ち孝悌《こうてい》、出でては則ち忠信ならしめば、則ち村名これに係くるも辱《は》ぢず。もし或《あるい》は然る能《あた》はずんば、また一邑の辱《じょく》たらざらんや。そもそも人の最も重しとする所のものは、君臣の義なり。国の最も大なりとする所のものは、華夷の弁なり。今、天下は如何《いか》なる時ぞや。君臣の義、講ぜざること六百余年、近時に至りて、華夷の弁を併せてまた之れを失ふ。然り而して天下の人、まさに安然として計を得たりとなす。神州の地に生れ皇室の恩を蒙り、内は君臣の義を失ひ、外は華夷の弁を遺《わす》るれば、則ち学の学たる所以、人の人たる所以、それ安《いず》くにありや。これ二先生の痛心せらるる所以にして、而して余の之れが記をつくらざるを得ざるも、またここにあり。

噫々《ああ》、外叔先生、誠によく一邑の子弟を教誨《きょうかい》して、上は君臣の義、華夷の弁を明かにし、下はまた孝悌忠信を失はず、然る後奇傑の非常の人、起《た》つて之れに従ひ、以て山川忿惋の気を一変し、邦家休美の盛を馴致《じゅんち》せば、則ち萩城の真に顕はるること、まさにここに於てかあらんとす。豈《あに》ただに一勝区一都会のみならんや。果して然らば、則ち長門は僻して西陬にありといへども、その天下を奮発して、四夷を震動するも、また未だはかるべからざるのみ。

余は罪囚の余、言ふに足るものなし。然れども幸に族人の末に居れり。その、子弟を糾《きゅう》輯《しゅう》して、以て二先生の後を継ぐがごとくんば、則ち敢へて勉《つと》めずんばあらざるなり」と。

外叔先生曰く。「子の言は則ち大なり。吾れ敢へてせざるなり。請ふ、邑人に切なるものを聞かん」と。余曰く。「古人月旦《げったん》の評あり。今しばらく子弟のために三等を設立し、分つて六科となし、各々その居る所をしるし、月朔《げっさく》に升降《しょうこう》して以てその勤惰《きんだ》を験《けん》せん。曰く進徳、曰く専心、是れを上等となす。曰く修業、曰く励精、是れを中等となす。曰く怠惰、曰く放縦、是れを下等となす。三等六科、志のおもむく所、心の安んずる所、なして可ならざるなし。誠に邑人をして、皆進みて上等の選たらしむれば、則ち吾れの前言未だ必ずしも其の大なるを憂へざるなり」と。先生曰く。「善し」と。よつて併せ記す。安政三年丙辰《へいしん》九月、吉田矩方《のりかた》撰す。

第三章　指導と感化力

引き出し喚起すること

松陰が明倫館の教授時代に提出した上書『明倫館御再興ニ付気附書』によると、登校は厳格に義務づけられているわけではなく、欠席する者も少なくはなかったらしい。

「文武稽古出精つかまつり万分の一を報じ奉るべきはずは勿論の事に御座候。まして大禄《たいろく》の者にしては家政を経営し、衣食に奔走つかまつり候事も御座なく候へば、尚更《なおさら》専一に相励み申すべき事に御座候処《ところ》、却《かえ》つて非分の持方（自分の階級を外見によって保持しようとする）にこだはり、あるいは遊戯風流等になづみ、文武稽古怠惰つかまつり、御奉公筋をゆるがせに存じ候者も間々之れある様相聞き候。……小禄の者にて困窮つかまつり居り、妻子をはぐくみ候事も成りがたき中にても、よくよく取りつくろひ、心懸けよろしく稽古出精つかまつり候者も御座候処、是れ等の類は一廉《ひとかど》の御称美仰せつけられ然るべく存じ奉り候……」

明倫館は小学生・大学生・入舎生・居寮生・舎長と進級する。高杉晋作なども藩校での学習を怠けて、いつまでも入舎生で足踏みしている大禄の家の子弟で、いわば落ちこぼれに属する不登校の藩校生だった。

ペリー来航いらい中央の政情が激しく揺らぎはじめてから、明倫館では学生が過激に走るのを警戒し、時事を論ずることを監督しようとした。松下村塾ではそれが自由であり、むしろ松陰を中心に深夜まで激論を交わすことがめずらしくなかった。松下村塾は、全国を行脚した松陰の旅行談を聞き、人生を語り、詩を詠みあう「青年宿《せいねんやど》」でもあった。塾生のほぼ半数が若い藩士であったことは、旧態依然とした明倫館の訓詁《くんこ》(字句の解釈のみを重視する)の学風に倦《う》んだ彼らが、村塾の自由闊達な空気に惹かれ、誘いあって集まってきたことを物語っている。高杉晋作のように親たちから松下村塾に接近することを反対され、夜、家を抜け出してくる塾生もいたのだった。

「高杉生はすでに夜にして乃《すなわ》ち来る。家、頗《すこぶ》るその宵行《よいあるき》を疑ひ、縦《ほしいまま》に出づるを禁ずと言ふ。その情笑ふべし。愍《あわれ》むべし」と、松陰は自分にたいする人々の警戒心を嘆いているが、一方で安政四年から五年にかけ、塾生は増えるばかりだった。

塾生たちの話題の中には、明倫館の進級に洩れた不満もあったことが、天野御民(冷泉雅二郎)の回顧談にある。

「ある時、大学生若干名、抜擢せられて、入舎生に挙げらる。之れに加はらざる者、大いに不平を抱き、教員に迫りて之れを論ぜんと欲す。先生之れを聞きて、その二、三人を戒め諭して曰く。『足下等、まさに云々せんとすと。之れ甚だ宜《よろ》しからず。もし教員にして果して不公平あらんか、足下等、いよいよ勉強して選に遇ひし者の上に出づることを志すべし。然るときは教員いづくんぞその儘《まま》に為し置かんや。区々たる等級何ぞ争ふに足らん。かつ足下等すでに学校に入りて道を学ぶ。我が身に反省することを求めずして、騒々しくも教師に迫り論議せんとするは悖《もと》れるの甚だしきなり』と。不平の生徒之れを聞きて大いに悟る所あり、その事を止めり」（「松下村塾零話」）

こうしたことに関しては、その後、明倫館で漢籍素読の試験があり、塾生で藩校に在籍する十五人が応試した。「皆、甲科に登り、一も蹉跌あることなし」と、松陰は『幽室文稿』に書いている。かなりきびしい学習活動もあったことがわかるが、受験する者を集めての特別講義をひらき、こんにちで言えば高度の予備校的な機能も果たしたようだ。つまりは学習意欲を高めるところが、松下村塾独特の雰囲気でもあった。

境遇、学力、年齢がさまざまに違う塾生数十人も集めて一度に講義をするということはまりなかったと思われる。早朝から来る者、午後あるいは夜になってあらわれる者など塾生がやってくる時刻もまちまちである。昼間の仕事を勤め上げ、また藩校での学習が終わってから村塾に足をはこぶ者もいる。〝さみだれ式〟に姿を見せる塾生を相手にするのだから、マン・ツー・マン方式をとらざるを得なかったともいえる。

横山幾太の回顧談に「この日、暇を乞ふの時、先生曰く、『明朝六ツ時より外史の授読を為す。来るべし。かつ書籍無ければ此の方にあり』と。明朝至る。およそ受読者十人ばかりもやあらん。書籍は三、四冊位なりし」とあるから、その程度の人数で受講することも多か

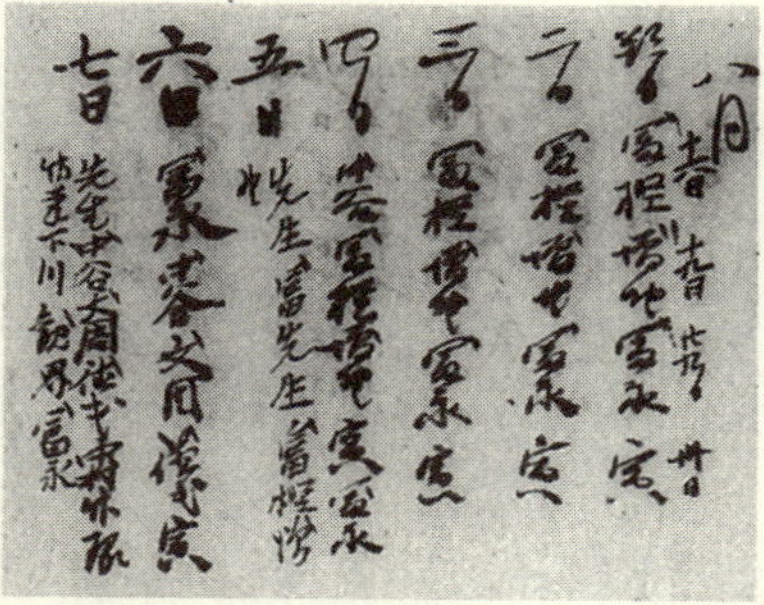
『松下村塾食事人名控』（山口県文書館蔵）

ったと思われる。八畳の間の講義室では適当な数だったにちがいない。教科書を互いに覗きあいながら松陰の講義に耳をかたむけている塾生たちの姿が浮かんでくるが、朝六ツ時といえば午前六時である。早朝からの講義は、勤めに出る前に通ってくる人々を対象にしたものだろう。

少数の制限はあったが、村塾の寄宿生もいた。『松下村塾食事人名控』によると平均四、五人が寄宿していたことがわかり、増野徳民らのように居着いた塾生のほか、顔ぶれは入れ替わっている。

日田の咸宜園は遠方からの入塾が多かったせいで、二百五十人の塾生のうち百人が寮に入ったが、適塾も同じく全寮制に近かった。松下村塾で通学可能の松本村や萩城下在住の者が短期間の寄宿を繰り返したのは、早朝から深夜まで不規則な講義時間にもよるのだが、共食・共住を教学の理想とする松陰の方針でもあった。『松下村塾食事人名控』は、安政五年八月から十一月までの寄宿の情況を記録したもので、生活の一部をしのぶことができる。

八月
朔日　富樫　増野　富永　寅
二日　富樫　増野　富永　寅
三日　富樫　増野　富永　寅
四日　中谷　富樫　増野　寅　富永
五日　先生　富先生　富樫　増野
六日　富永　中谷　文周　徳民　寅
七日　先生　中谷　文周　徳民　中村　竹琢　竹幸　下川　観界　富永
八日　富永　中谷　富樫　増野　中村　竹琢　竹幸　下川　寅　観界
九日　富永先生　中谷　中村　竹琢　竹幸　下川　徳　文　観
十日　先生　富永　中村　竹琢　竹幸　下川　徳民　文周　観界　中谷
十三日　先生　中谷　徳民　文周　観界　竹琢　中村　竹幸　下川　徳　野村
十四日　先生　中谷　徳民　竹琢　竹孝（幸）　中村　下川　野村　文周　富永　天野
十八日　先生　中谷　徳民　琢磨　河内　徳
二十一日　先生　富永　河内　竹下　岡部
晦日　中谷　河内　寅　天野
（「寅」とあるのは松陰自筆、塾生が書いたときは「先生」）

安政五年三月の新塾舎完成からは寄宿の人数も増え、杉家の母屋とは違った自由な空気がただよう。松陰は塾生控室の中二階で著述・読書し、終日ほとんど塾舎ですごしたので、寄宿生にかぎらず文字通り塾生と起居を共にしたことになる。松陰はいわば舎監《しゃかん》も兼ねたわけだが、塾生を「諸友」と呼び、友人として彼らの輪の中に入り、若い人たちの行動をいちいち規制するようなことはしなかった。そのことは次に述べる『煙管《キセル》を折るの記』などに見られる通りである。

その間、塾生の一人ひとりを観察し、その者の資質を見抜き、それに沿って指導したが、相手の境遇、性向などによって助言・方法はそれぞれに違っていた。たとえば、これは塾生ではなかったが、周防の医師の子・松崎武人《まつざきたけと》（赤根《あかね》武人、のち奇兵隊総管）が、陪臣の家から養子にという話があるがどうしたものかと相談したとき、「敢えて武家組織の中に入ることはない。浪士のほうがましだ」と陪臣になることを反対したが、高杉晋作には「浪士などにならず、藩機構の中に地位を占めて活躍せよ」と教えている。本人の気づかない長所を発見し、それを褒め上げることによって自信を持たせ、さらに向上させるように導いた。まさに松陰は educate（教育する）というよりも educe（引き出す、喚起）したのである。

松陰の優しい人柄は、明治まで生き残った門下が口々に証言しており、塾生に話しかける言葉もしごく丁寧だったという。

「吉田松陰先生は、言語甚だ丁寧にして、村塾に出入する門人の内、年長《た》けたるものに対しては大抵『あなた』といはれ、余等如き年少に対しては『おまへ』などいはれたり」（「渡辺蒿蔵談話」）

松陰の強烈な感化力の秘密は、生得身につけていた人間的な魅力であったにちがいないが、あらゆる機会をとらえて親しく塾生に接近していく指導者としての努力と、するどい観察の視線、相手を選ばない誠実な姿勢にあるといえるだろう。松陰が遺した塾生の人物評がそれを物語っている。たとえば次のようなものである。

有吉熊次郎「満家俗論にして、おそらくは自ら持する能《あた》はざらん。然れどもその正直慷慨未だ必ずしも磨滅せざれば則ち亦《また》時ありて発せんのみ」

天野清三郎（渡辺蒿蔵）「奇識あり。人を視ること虫の如く、その言語往々吾れをして驚服せしむ。一世の高人物」

伊藤利助（伊藤博文）「利助亦進む。中々周旋家《しゅうせんか》になりさうな」

岡部繁之助「この人吾れ曾《かつ》て友弟を以てこれを目す。清太（久保清太郎）も亦以て然りとなす。愛すべきなり」

岡部富太郎「鋭邁俊爽なり。然れども吾れ常にその退転することを惧《おそ》る。吾れその気鋭なるを愛す」

尾寺新之丞「毅然たる武士にして、亦能く書を読《よ》む。然れども肯《あ》へて記誦詞章の学を為さず。性朴魯《ぼくろ》の如くして、而も遠きを慮《おもんぱか》り気振ふ」
久保清太郎「外愚内明、温良にして而も鉄心石腸」
作間忠三郎《さくまちゆうざぶろう》（寺島《てらじま》忠三郎）「朴訥にして頗る沈毅の質あり」「俗論中にありて顧《ふりかえ》つて能く自ら抜く。篤く信ずといふべし。亦些《いささか》の頑骨あり」
佐世八十郎（前原一誠）「その人物の完全なる、二子も亦八十に及ばざること遠し」
品川弥二郎「事に臨みて驚かず、少年中稀覯《きこう》の男子なり。吾れしばしば之れをこころむ」「弥治《ママ》は人物を以て勝る」
時山直八「中々の奇男子なり。愛すべし」
福原又四郎《ふくはらまたしろう》「福原は外優柔に似て而も智を以て之れを足す。その頑固自から是とする処は、子楫《ししゆう》（岡部富太郎）及ばざるなり」
松浦亀太郎（松浦松洞）「才あり気あり、一奇男子なり。無逸《むいつ》（吉田栄太郎）の識見に及ばざれども、而も実用は之れに勝るに似たり」

このほか久坂玄瑞（実甫《じつほ》）・高杉晋作（暢夫《ちようふ》）・吉田栄太郎（無逸）の三人を比較しながらの人物評もある。
「実甫の才は縦横無尽なり。暢夫は陽頑、無逸は陰頑にして皆人の駕馭《がぎよ》を受けざる高等の人物なり。実甫は高ぶらざるに非ず、かつ切直《せっちょく》人に逼《せま》り、度量もまた狭し。然れども自ら人のために愛せらる。潔烈の操、之れを行るに美才を以てし、かつ頑質なきが故なり。之れを要するに吾れに於て良薬の利あり。常にこの三人を推《や》すべし」

塾生同士をうまく組み合わせて、性格の長短をたがいに補わせる指導法は、高杉晋作と久坂玄瑞のばあいがそうだが、これは後章で述べる。

松陰は伊藤利助について、「中々周旋家になりさうな」と、予言した。伊藤はやがて初代内閣総理大臣となるのである。松陰はその人間を観察し、長所をしきりに褒《ほ》めてそれを伸ばすことに気をもちいた。ある意味のアジテーターでもあった。

松陰はまた『志』と題する宋詞風の言葉を塾生たちに示し、その個性にしたがって志を立てることを勧めた。立志こそが松下村塾の標語だった。

天地大徳君父至恩　　天地に大徳、君父に至恩あり
報徳以心復恩以身　　徳に報ゆるに心を以てし恩を復《かえ》すに身を以てす
此日難再此生難復　　此の日再び難《かた》く此の生復《ふく》し難し
此事不終此身不息　　此の事終へざれば此の身息《や》まず

このほか『立志――山田生に与ふ』と題する詩を山田市之允《やまだいちのじょう》（山田顕義《あきよし》）に与えている。

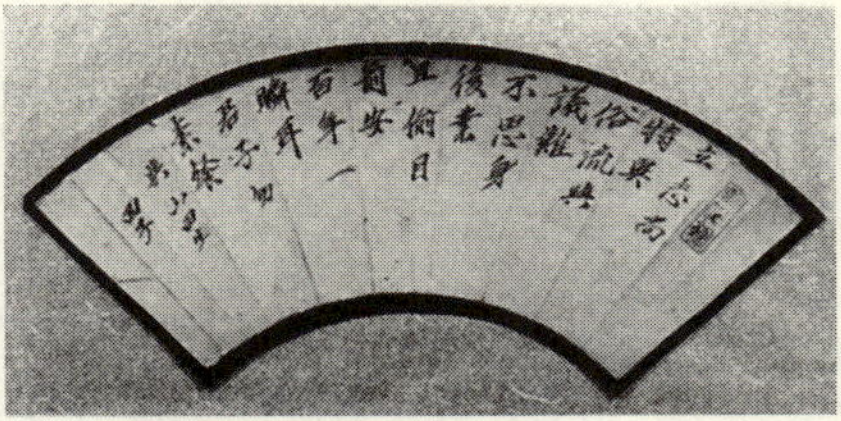
松陰が山田市之允に与えた『立志』の詩（日本大学『山田顕義伝』より）

立志尚特異　立志は特異を尚《たっと》ぶ
俗流与議難　俗流は与《とも》に議し難し
不思身後業　身後の業を思はず
且偸目前安　且つ目前の安きを偸《ぬす》む
百年一瞬耳　百年は一瞬のみ
君子勿素餐　君子素《そ》餐《さん》するなかれ

煙管を折るの記

松下村塾の生活風景を物語る一例として、『煙管を折るの記』という松陰の随筆風な文章が『幽室文稿』の中に見える。安政四年九月三日夜に書かれたものである。

「夜が深まり、燃え残った灯火の下で、門弟たちの話は、たまたま岸田多門のことに及んだ。岸田はその夜、不在であり、一同は彼についてあれこれと批判しているようだった。彼らが他人の陰口をいっていることは、私を非常に不愉快にし、それが表情にあらわれたのだろう。一同は気づいて、長い沈黙の時間が過ぎた。突然、無逸が煙管をとってこれを二つに折り、きょうから煙草をやめると宣言した。富永もそこに居あわせ、若い者が発憤して煙草をやめるというのに自分も知らぬ顔はしておれぬと同調し、彼までもが煙管を折るのだった」

こういう意味の書き出しである。

「市・溝と声応じて管すでに分かたる」とあるから、村の不良少年といわれた市之進《いちのしん》や溝三郎《こうざぶろう》もそこにいて煙草《たばこ》を喫《す》っていたらしいが、彼らも断然禁煙を誓ったのである。

その夜、学習が終わったので塾生たちが煙草を喫いながら、岸田の悪口をいっているのを松陰は黙って聴いていた。「憂、色に見《あらわ》る」という師の態度に気づいたのだった。それを見てはじめて松陰は口をひらくのである。「皆がそのように気づいてくれるのを待っていた。学問をする若者に煙草は有害であるから、これを機会にやめることは賛成だ」

禁煙同盟ができあがった翌日、ひょっこり高杉晋作があらわれ、そのことを聞いて大いに感激し、自分もその仲間に入るといい出した。

「僕は十六歳のときから煙草を喫っている。上長の人からとめられたが、もう三年間も喫いつづけている。実は先日あやまって煙具を道に落とし、あとで気づいたのだがいらいらして困った。こんなものを喫う習性を身につけなければよかったと、そのときつくづく思ったのだ。よい機会だから諸君と一緒に煙草をやめようと思う」

そこで高杉も煙管を折った。これが『煙管を折るの記』である。

松陰の指導はだいたいこんな風で、あまりやかましいことはいわなかった。自身はきわめてストイックな生活をしており、「志士と云ふは即ち道に志すの士なり。即ち君子なり」「士の志、いやしくもこれに専《もっぱ》らなる時は、悪衣悪食何の恥づることあらん」(『武教小学序』衣食居)と、清貧に徹する生活を送っているが、これを塾生たちに強要することはせず、とやかく行動をたしなめることはしなかった。

相労役

松下村塾には五ヵ条の規則が定められていた。

一、両親の命必ず背くべからず。

一、両親へ必ず出入を告ぐべし。

一、晨起《しんき》盥梳《かんそ》(朝起きて顔を洗い髪をくしけずる)先祖を拝し、御城に向かひ拝し東に向かひ天朝を拝する事。仮令《たとい》病に臥《ふ》すと雖《いえど》も怠るべからず。

一、兄はもとより年長又は位高き人には必ず順ひ敬ひ、無礼なる事なく、弟は言ふもさらなり。品卑き年少なき人を愛すべし。

一、塾中に於てよろづ応対と進退とを切に礼儀を正しくすべし。

右は第一条より第五条に至り、違背あるべからず。若《も》し背く者は第一条の科《とが》は必ず座禅なるべし。その他四条は軽重によりて罰あり。

この規則は久保塾時代のもので、松陰の松下村塾となってからこのようなものが塾生に示されたことはなかった。安政五年六月、松陰は『諸生に示す』の一文を書いている。

「村塾が礼儀作法を簡略にし、規則もやかましくいわなかったのは、そんな形式的なものよりもっと誠朴忠実な人間関係をつくり出したかったからだ。新塾が初めて設けられていらい、諸君はこの方針に従って相交わり、病気の者がいれば互いに助けあい、力仕事が必要なときはみんなが力を合わせて家族同様に協力した。塾を増築したとき、大工の手を借りずにそれを完成させたのもそのあらわれである……」

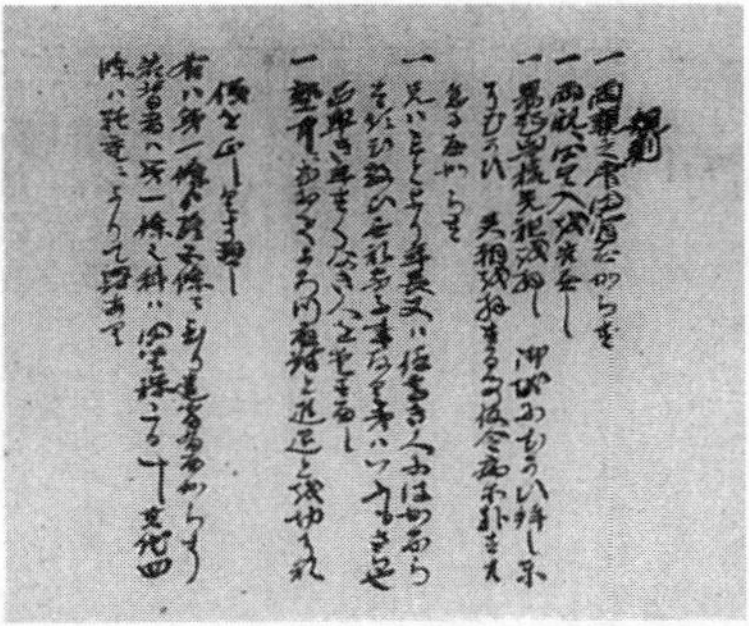

松下村塾（久保塾時代）の規則（松陰神社蔵）

畠仕事や米つきなども松下村塾の行事の一つで、松陰としてはこれらも重要な教育活動である。萩地方には台柄《だいがら》という米つき台があった。中央に鳥居《とりい》と呼ぶものがあって、これに手をかけ、体をささえるのだが、松陰はそれに見台を取り付けて読書しながら杵《きね》に体重を乗せて米をついた。塾生が助手として手伝うときは講義をした。『史記《しき》』など二十四、五頁読む間に米をつき終わった。「亦一快なり」と、松陰はよろこんで

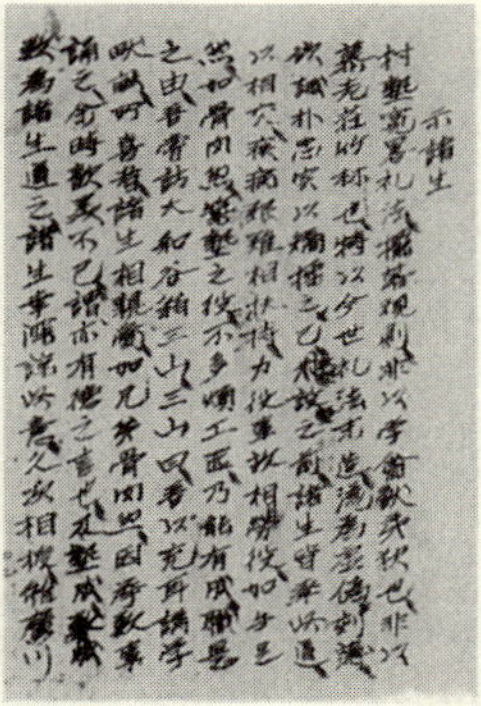
安政五年六月、松陰が書いた『示諸生』(松陰神社蔵)

いる。杉家の庭内には広い畠があり、春や夏になると松陰はよく草むしりをした。一緒に作業すると除草しながら読書の方法や歴史の話をしてもらえるので、塾生にとってはそれも楽しみだった。

塾生たちと共にそうした作業にあたることを松陰は「相労役《あいろうえき》」といった。幼少のころ、野良仕事をしながら父や叔父から素読を教えられた経験は、ここにも活かされている。共に労働の汗を流すとき、人の心が最もよく通いあうのだと松陰は信じていた。

かつて王陽明《おうようめい》の年譜を読んだ折、その門人が啓発されたのは自然を相手にした学習生活の間であったということも松陰の頭の中にあった。つとめて「相労役」の機会を求めながら、塾に集まってくる青年たちと融《と》けあい、互いの志を育てようとしたのだった。

不良少年

日常、松陰はやさしく低い声で丁寧にしゃべった。「まるで婦人のようだった」という。だれにも優しかった松陰だが、たまに怒ることもあった。吉田栄太郎がつれてきた不良少年の市之進を、言いつけに従わないとしてひどく叱ったという記録が遺っている。

講義が済んだあと、松陰は市之進に庭を掃除せよと命じたところ、習字の稽古に余念がなく「あと二枚残っていますので、後でやります」と言って立ち上がろうとしない。塾生たちに交じって、いっぱし勉強しているという彼らしい気負いもあったのだろう。途中でやめられるかと、二度三度松陰から声をかけられても応じようとしなかった。

松陰は怒って紙と筆を奪い庭に投げると、市之進はそれを拾ってきて二枚を写し終え、やっと庭の掃除にかかった。そのふてぶてしい態度を見守りながら、作業を終わった彼に松陰が言う。

「お前は私に反抗しようと思ったのか」

「いえ、そのつもりはありません」

「では何故《なにゆえ》、私の命にすぐ従わなかったのだ」

「なるほど、これは死罪ですね。実は先生に反抗しようとしたのであります」

市之進は十四歳だが、いかにも無頼らしく人を食ったような答え方だ。

「お前は私に反抗するのか。世間にすねて鼻つまみ者となっているらしいが、反抗するのなら天下を相手にやってみろ。今より志を立て、天にのぼり地に入り、水を踏み火に投じ、死を恐れずに進め。そしたら私も一緒に戦ってやろう」と激しく叱られ、市之進は首をうなだれた。その翌日、松陰は『市之進に贈る』という文章を書いて彼に渡している。

「市、年十四、頑兇無頼にして、頗る親戚の患ふる所たり。無逸諄々《むいつじゅんじゅん》として誘導し、書を授けて之れを読ましめ、遂に以て余に託す。余一見して之れを異とす。今、果して凡児に非ざるなり。ここに於て余、市と約して曰く。『今後三十日、前言を以て践と為せ。三十日の後、吾れまさに更に語る所あらんとす』と。因《よ》つて書して贈と為す」

優しい反面、相手によっては激情も噴出させたのちに理性的後始末をして、叱りっ放しにはしなかったのである。市之進には「頑兇無頼にして、頗る親戚の患ふる所たり」と、きびしく指摘しながらも、「今、果して凡児に非ざるなり」と資質を褒め、三十日後にもう一度語ろうと励ましを与えている。高杉にたいしてもそうだったが、松陰は「頑質」を愛したのである。

「たまに口で叱られることもあつたが、説諭の文をよく気軽に書いてくれた」と、これは渡辺蒿蔵が後年語っている。

市之進と一緒に通ってくる同い年の溝三郎は、城下の骨董屋の息子で、遊び暮らしている無頼の一人である。

一夜、講義が終わってから溝三郎が進み出て言った。

「私は商人をやめて医者になりたいと思いますが、どうでしょうか」

「なぜだ」

「商人は面白くありません」

「なぜ面白くない」

「商人は金持ちにぺこぺこするばかりです。私にはそれができません」

「頭を下げたくない者は、商人にも医者にもなれないぞ。君子は渇《かつ》すとも盗泉《とうせん》を飲まず、志士は窮しても節操を忘れずと言う。盗泉を飲まずという心がけを忘れなければ、商人になってもよいし、医者になってもよい。当今、商人の卑屈な態度は日々甚だしい。お前が堂々とした商人になって世の風潮を変えるだけの覚悟さえあれば、なにも医者になりたいなどと願うことはないのだ」

ここで溝三郎は大いに悟り、

「これからしっかり勉強しようと思います。教えて下さい」

と、目を輝かした。

「骨董屋をいとなむお前の家には、父親がこれまでに集めた古書もたくさんあるだろう。その中に坐って学び、かつ商いして財をなしたら、富を人々に分かち与え、また身につけた学を以て人を救うがよい」

そのように励ましておいた。(『溝三郎の説』)

不良少年を相手にするのとは別に、子供たちにたいする指導にも力を入れた。『戊午《ぼご》幽室文稿』の巻頭には『岡田耕作《おかだこうさく》に示す』の一文が収録されている。岡田耕作は医師の子で、安政五年のそのとき十歳である。前年から時々松陰の話を聞きにきていた子供だが、正月の二日にやってきて本を読んでくれというので、松陰は感心した。

「重大な時局を迎えているというのに、このごろはとみに士気がゆるんでいる。松下村塾の第一義は虚礼を排して枕戈横梁《ちんかおうりよう》（常に警戒し武芸を練る）の気風を養うことにある。村塾には暮れも正月もないと思っているのだが、新年の挨拶にくる者ばかりだ。岡田耕作は正月にやってきて、私の講義を聞きたいという。実に見上げた心がけである」

そこで松陰は耕作に『孟子』公孫丑《こうそんちゆう》下篇を講じてやるのである。講義が終わり帰って行く彼に書いて渡したのがこれである。

「……今、耕作の至るや、適々群童の魁《さきがけ》となる。群童に魁するは乃ち天下に魁するの始めなり。耕作、年はじめて十齢、厚く自らを激励す。その前途いづくんぞ測るべけんや。書して以て之れを励みとなす」

品川弥二郎の回顧談（第六章参照）にも、松陰が幼童を相手に熱涙をふるいながら会読している様子が語られている。自分に教えを乞う者にたいして、松陰は長幼の区別をしなかったのである。

送別のことば

松陰はこの塾がいつまでもつづくものではないと思っていたので、塾生たちの将来にも気を配っていた。それまでも塾生は藩の役を与えられ、あるいは江戸遊学の機会を得て、多くの者が巣立って行ったのだが、日ごろ松陰は藩に上書して人材登用の必要を力説する一方、家老益田弾正《ますだだんじょう》に塾生を売り込んだりもした。

「儒官片山与七《かたやまよしち》事、この節しきりに養子探索つかまつり候に付き、小田村伊之助等も凡物を養子に致させては儒官人なきの節、至極気の毒なることと苦心つかまつり居り候。何とぞ執事の御差図を以て杉蔵（入江）を以て養子と御為させられ度く存じ奉り候。杉蔵人物の儀は御明鑑も之れあるべく、文学も頗るその才之れある事に付き、決して儒名を辱しむるには至り申さずと存じ奉り候」（安政五年九月『益田弾正に上る意見書』の一節）

「松浦亀太郎。この者、名は温古、字は知新、松洞と号し、別に無窮と号す。根来主馬《ねごろしゅめ》の家来にして画をよくす。江戸の芳野金陵《よしのきんりょう》の塾に入りて書を読む」（安政五年冬、益田弾正へあてた書簡）

「栄太郎（吉田）名は秀実、字は無逸、百人御中間たり。行年十八、頗る志気あり。現に江戸藩邸御道具方なり」（同前）

門下生の多くは松陰の死後、志士として活躍したが、脱藩して浪士となった他藩人とちがって、微禄ではあっても藩に籍をおいているのが特長である。伊藤・山県・入江・品川・吉田といった軽輩出身の志士がそうだった。彼らが藩政の中枢に近いところではたらき、やがて重要な活躍の舞台を得たのは、松陰がそうした機会を与えてやっていることも見逃せない。育てた人材を、自分の分身として世に送り出し行動させることまでを考えていたのだ。

巣立って行く塾生たちに、松陰はかならず「送序《そうじょ》」（送叙）を贈って励ました。この送序は単なる激励文ではなく、自分との出会いを語り、本人の性格、資質の長所を教え、憂うべき時勢を述べそれに対処する志士としての心構えを説き、そして訣別のことばでしめくくるのである。いくらかの時間をかけて推敲《すいこう》したらしく、そこにはやはり惜別の情もただよう名文となっている。

「杉蔵往け、月白く風清し、飄然《ひょうぜん》馬にまたがりて三程、十数日、酒も飲むべし、詩も賦すべし。今日の事誠に急なり。然も天下は大物なり。一朝奮激のよく動かすところに非ず。それただ積誠もてこれを動かし、然して後動くあるのみ」

これは入江杉蔵に与えた送序の一節である。

「吾れ松洞と交ること三年なり。初めは以て画師となし、すでにしてその書を好み歌詩を喜ぶを知る。今は即ち隠然たる有志の士、国家を以て憂となす者なり。これ吾が三年の交、三たびその品題を易《か》ふ。その中《こころ》誠に無窮にして測るべからざるか、そもそもその学駸々《しんしん》として進益し……」（『無窮説、無窮の東遊を送る』）

「余、その性、勤苦に勝てるを見て頗る之れを愛し、益々為めに力を竭《つく》す。読を孟子に起してより未だ半年ならざるの間、五経を読完し、やや群輩の上に出づ。すでにして村塾増築のこと興り、諸生自ら土石竹木を搬運す。群童の中にありて、生、最も力あり。群童、日に撃剣を試む。生、また頗る勤む。塾に一頑児あり。常に群童を侮慢《ぶまん》す。群童平《たいら》かならず。均しく往きて之れを攻む。余、後に詰問せしに、生等明らかに陳《の》べて隠さず。余、その暴を咎《とが》めて、その直を嘉《よみ》す。生、今十四歳、誠に今の道に反するなく、益々未だ至らざる所を勉めなば、それ必ずなすことあらん……」（『中村理三郎に贈る』）

「尾寺は毅然たる武士にして、亦能く書を読む。然れども肯へて記誦詞章の学を為さず。性朴魯の如くして、遠きを慮り気振ふ。余と交はること一年、諸友中に於て最も相諒《ゆる》すと為す。故に余もまた為めに乱を思ひ遠きを慮るの論を陳ぶるを得るなり……」（『尾寺新之丞を送る叙』）

「吾が妹婿日下《くさか》（久坂）実甫《じつほ》は年未だ弱冠ならざるも、志壮気鋭、之れを運《めぐ》らすに才を以てす。吾れかつて推すに吾が藩の少年第一流を以てせり。今年二月、まさに山陽より東上し、皇京に過《よぎ》り、更に東の方《かた》江戸を観《み》んとし、贈言を余に請ふ。余、言へらく、今や天下大変革の兆あり。而して実甫は吾が社の領袖なり。……実甫往け。士、此の間に生れて、よく所を択《えら》ぶを知らざれば、志気と才と、はた何の用ふる所ぞ。生の死に如《し》かざるや之れ久し……」（『日下実甫の東行を送る序』）

　高杉晋作に与えた送序は、彼と久坂玄瑞を突き合わせて指導したことが述べられている。はじめ松陰は高杉のことを「いまだ学問は未熟でわがままなところはあるが、彼は有識の士

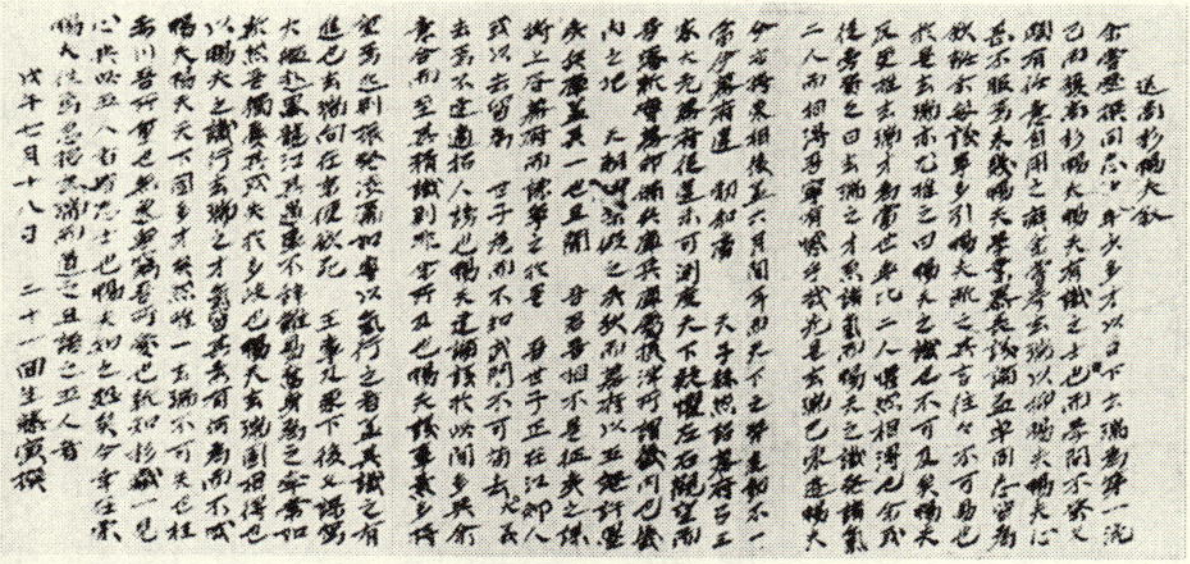
送高杉暢夫叙

松陰が高杉晋作に与えた『叙』（萩市博物館蔵）

であるから、十年後にはすぐれた事をなす人物になるだろう」と予言した。高杉は十年後の慶応三年（一八六七）に若い命を終わるのだが、その直前の四年間に奇兵隊の結成、功山寺《こうざんじ》挙兵、第二次長州征伐の幕軍を撃退するなど、松陰が指摘した「頑質」を発揮して振り当てられた役割をすべて果たしたのちに永眠したのだった。

『高杉暢夫を送る叙』

余、かつて同志中の年少多才なるを歴撰し、日下玄瑞を以て第一流とせり。すでにして高杉暢夫を獲《え》たり。暢夫は有識の士なり。（以下、口語訳大意）しかし暢夫の学問はさほど進んではいなかった。にもかかわらず意にまかせて勝手に振る舞う癖があるので、私は玄瑞を例に挙げて、暢夫を牽制した。暢夫は不満なようだったが、そのうちに彼の学業はにわかに進歩した。その議論に塾生たちも心服するようになった。私は事を議する毎《ごと》に多く暢夫の言うことを引用して決定するほど、その言はあなどれないものとなったのである。

ここに於て玄瑞「高杉の見識に自分は及ばない」と称賛し、暢夫はまた玄瑞の才を「当世無比だ」と推すに至った。私は二人に言った。「玄瑞の才と暢夫の識を合わせれば、申しぶんない」と。玄瑞は一足先に江戸に出ている。暢夫はまさに江戸をめざして出発しようとしているのだが、今や国内の情勢は激動の様相を帯びようとしているのだ。幕府は違勅を押して外国と条約を結んでおり、これから先も何をしようとしているか予測もつかない。この時局にたいする暢夫の意見は、私と一致するところが多く、その精識は私の遠く及ばないところだ。しかしその所論はともするとやや慎重に過ぎるきらいもあった。近ごろは振発凌励、もっぱら気迫を以て行動する構えを見せるようになった。これは大いなる進境である。

玄瑞は王事に死ぬ覚悟で活動しているが、大艦に乗り、黒龍江《こくりゅうこう》に行きたいと言ってきた。意気壮とすべきだが、志を拡散するのはどうかと私は憂いている。どうぞこれからは暢夫の識を以て、玄瑞の才を行うことを願ってやまない。(以下、原文) 暢夫よ、暢夫、天下もとより才多し。然れども唯一の玄瑞を失ふべからず。桂、赤川《あかがわ》は吾れの重んずるところなり。無逸、無窮は吾れの愛するところなり。新知杉蔵は一見して心与《くみ》す。この五人は皆志士なり。暢夫これを知ること熟せり。今幸に東に在り。暢夫往かば、急ぎ玄瑞を招きてこれを道《い》ひ、かつこれを五人に語れ。

これらのほか次のような門下生への送序が遺されている。
『久保清太郎の東役を送る序』
『中谷賓卿《ひんきよう》（正亮）を送る叙』
『福原清介を送る叙』
『六人の者（杉山松介《すぎやままつすけ》・伊藤利助・国司仙吉《くにしせんきち》その他）を送る叙』
『桂小五郎（兵学門下）を送る序』
『生田良佐《いくたりようすけ》の邑に帰るを送る叙』
『富樫文周《とがしぶんしゆう》を送る叙』

目をかけていた門下生の多くは、なかば松陰の意志で松下村塾を出て行った。彼らはふたたび塾舎の講義室で師に会うことはなかったのである。松陰はそれを知っていたかのように巣立って行く愛弟子《まなでし》への惜別をこめ、その胸の一つひとつに、やがて奮然と燃えさかる火種を投げこんだのだった。

第四章　何を教えたか

学　科

松陰の『丙辰日記《へいしんにっき》』（安政三年）は八月二十二日から始まった学習の記録である。これは一冊に綴じて表紙がついている。その表紙には「身体髪膚之れを父母に受く。敢へて毀傷《きしよう》せざるは孝の始めなり。身を立て道を行き、後世に名を揚げ、以て父母を顕はすは孝の終りなり」という『孝経《こうきよう》』の一節が書かれ、その横に「安政三年丙辰十月六日　吉田寅次郎藤原矩方」と署名して、花押《かおう》の下に血判が押してある。

その日記を読むと、十月六日の項に「武教小学を講じ了《おわ》る。是の日、玉彦（玉木《たまき》彦介《ひこすけ》）・佐梅（佐々木梅三郎、亀之助の弟）・倉直（倉橋直之助《くらはしなおのすけ》）と血誓《けつせい》す」とある。血誓とは受講して作った帳面の表紙に、各人が血判したことを意味している。その詳細は松陰の『武教全書講録』に述べられているが、その中の「夙起夜寐《しゆくきやび》」で大要次のように松陰は言う。

「年少の諸君、山鹿素行は『閑なるときは即ち今日の行事を顧みよ』と教えられた。顧みるとは過ぎたことを回視することである。それには行動の記録を作り、読み返すのがよい。今から講義を始めるが、各々一冊の帳面をつくり日々の記録を書き込むため、講義のときは必ず持ってくること。講義が終了したときは、その表紙に『孝経』の二語（前掲）を書き、自分の姓名・花押の下に鮮血を押しておこうではないか。以後、日々これを読み返すことによって『観るべし』という山鹿素行の教えにかなうのである」

松陰自身、これを実行したのが、この表紙である。

日記には簡単な記述がある。武教小学の講了後の記述を見ると朝・昼・夜にわたり、多いときで数名、ときには一人を相手に講義しており、十月以降は連日「佐亀（佐々木亀之助）と通鑑を読む」「佐梅と陰徳巻の七を読む」といったことが並んでいる。「夜、中谷来り、夜を徹し劇談す」というのもある。開国・攘夷に沸騰する時事を論じたのだろう。日記は十二月二十日で終わっている。その巻末には次の詩が書き込んである。

腰横三尺剣　腰に横たふ三尺の剣
手提一丈槍　手に提《ひっさ》ぐ一丈の槍
天下名山水　天下の名山水
踏尽洗吾腸　踏み尽して吾が腸《はらわた》を洗ふ

なんとも凄まじい学習ぶりだが、『諸生に示す』によると、空気をなごやかにするため、諧《かい》謔《ぎゃく》にも心がけたとあるから、時には冗談をとばして塾生を笑わせることもあったのだろう。

安政四年の松陰の講義は一月三日から始まり、玉木彦介ら五人が『孟子』を聴いた。このころから午前・午後・夜間と三部にわかれて、講義は本格的におこなわれはじめた。不定期に聴講する者もふくめ、この当時、松陰のところには一日十二、三人がやってきた。

富永有隣が賓師として村塾にあらわれてから、学習活動は充実した。安政四年に松陰が書いた『村塾記事』によると、このころは年少の塾生も訓点のない漢文を読む者が続出した。白文を読まなければいけないというのは、かねてからの松陰の持論だった。

『資治通鑑』を日課として読む者もいれば、諸家の詩文集を読む者もいる。また『古事記伝《こじきでん》』を読み、『日本外史《にほんがいし》』を読む者とさまざまである。文字通りの複式学級だ。富永有隣は「諸生斐然《ひぜん》として徳を成し材を達す。三年七年にして章を成すこと期すべし」と言い、松陰は「吾れ乃《すなわ》ち不材無能を以て自ら居るを得ん。是れ天下の大快なり」と満足そうだった。いずれは自分が無能と見られ、ここにおれなくなるだろうと大げさな喜びを洩らしている。

塾での学習時間は昼夜の別がなく、家族に内緒で通った高杉晋作のように、夜、やってくる者もいる。熱中して徹夜する者もいたが、松陰はそれにもつきあった。帰宅する塾生に翌日の学科を予告し、教科書となる本を持っていない者には、蔵書を貸し与えた。松陰はつねに脇差《わきざし》を手から離さず、それを膝の上において、肩をそびやかすようにして講義したという。

決まった日課はなく、一対一の会読もあれば、数人から十人前後の者がまとまって講義を受けることもあるが、全員に呼びかけるには『諸生に示す』や『諸友に告ぐ』といった文章を壁に貼り出した。

松陰の講義は大別して兵科と文科に分類される。兵学は明倫館兵学教授だった松陰の得意とするものだが、山鹿流は山鹿素行によるきわめて精神性のつよい軍学である。素行は武士の道義的、日常的な心得としての士道を説き、儒学と兵学を統一した人だった。松陰の兵学講義にも色濃くそれが反映しているが、明倫館では兵学だけではなく、文科の講義もおこなっており、嘉永二年には『大学』や『孟子』を講じ、翌年は『中庸』を講じている。「兵を学ぶ者は経書を治めざるべからず」とも言った。

むろん実践に関わる教科も軽視したわけではない。杉家での講義では安政三年八月から十月まで『武教全書』をやっているが、安政四年には中谷正亮らと共に『孫子』を会読しており、これはその後『孫子評註』としてまとめた。これは塾生の中谷正亮・高杉晋作・尾寺新之丞と久保清太郎が協力して一本にまとめたことを松陰が後記に書いている。原本は久保が保管した。松陰の死後、山田市之允（顕義）らによって写本がつくられたりもしたが、文久三年（一八六三）には木版による印刷（松下村塾には印刷機もあった）で松下村塾発行のものが出ている。田中光顕《たなかみつあき》（維新後は宮内大臣など歴任、土佐を脱藩してしばらく奇兵隊に身を寄せた当時は顕助《けんすけ》を名乗っていた）の手記には「慶応乙丑《いっちゅう》ノ歳、余、馬関《ばかん》ニ在リ一日高杉晋作ヲ訪《おとな》ヒ、談、偶《たまたま》其ノ師吉田松陰ノコトニ及ブ。東行《とうぎょう》、机上ノ一書ヲ把《と》リテ余ニ贈ル。則チ松陰著ハス所ノ孫子評註ノ新刊行本ナリ……」とあるので、松陰門下に配布されたのだろう。同じものは「久坂本」として現存する。

「私は武士としては体力もなく恥ずかしい」と松陰は謙遜しているが、十二歳のときに剣・槍・馬術を学び、二十二歳でふたたび剣・馬術を練習している。松下村塾でも塾生に武芸を課した。剣術は杉家の庭でやったが、野外に塾生たちをつれ出し、近くを流れる松本川で水練を実施し、河原では西洋銃陣の稽古もした。銃の代わりに竹を使って操銃法を教え、少し遠くまで出かけるばあい、松陰は謹慎の身だから行かずに、塾生の中の心得のある者が引率した。松陰がめずらしく大声を出すのは、操銃の号令を発するときだった。

松陰が飯田猪之助《いいだいのすけ》につき初めて洋式兵学を学んだのは、十七歳のときである。その後、佐久間象山に師事して知識を深めた。『兵学小識《へいがくしょうしき》』を読んだのも江戸遊学のときだった。この『兵学小識』は、高野長英《たかのちょうえい》と鈴木春山《すずきしゅんざん》の共著でオランダ兵書を訳出、十四巻二十二冊にまとめたもので、養兵・練兵・製器・営城・検地・修路・戦闘・攻守・用兵にわたって論述している。

松陰は『操習総論《そうしゅうそうろん》』で、「このごろ兵学をすべて西洋にならっていることに不快感をとなえ、夷狄の風下に立つことを潔しとしない風潮があるが、ではこれに代わるものがあるかといえばないのである。世界は一変している。新しいものは採り入れなければならない」として、日本人にふさわしい伝統的な兵学も併せた独特の戦術を編み出したのが、『操習筌蹄《そうしゅうせんてい》』だった。松下村塾での銃陣稽古は、行軍・陣形・戦闘展開を述べたこれにしたがって実施された。

鈴木春山が訳したブラントの『三兵活法』も、松陰は江戸で入手していた。プロイセンのフリードリッヒ大王によって完成され、十八世紀ヨーロッパの画期的戦術とされていた。松陰の『操習筌蹄』は、その『三兵答古知幾《タクチキ》』（歩騎砲操典）をも参考にしている。タクチキ（タクチーキ）はオランダ語で戦闘術の意で、高野長英の訳である。

松陰は『西洋歩兵論』の一節で次のように述べている。

> 西洋人は歩兵を以て軍の骨子としている。これは孫子のいわゆる「正」である。その他騎兵・砲兵はいわゆる「奇」である。そこで私は思う。「正兵」は西洋の歩兵術を採用するのがよい。「奇兵」は、わが国固有の短兵による接戦を用いるべきであろう。
>
> 敵を迎えて勝利を得るには、時代を超えて山鹿流軍学で教える「三戦」の戦術が通用するはずで、その三戦とは、「先ヲ取ル事」「後ノ勝」「横ヲ用イル事」である。「先ヲ取ル事」とは、戦いの有利な場所を敵より先に陣取ることだ。これが不可能な場合が、「後ノ勝」であり、敵をおびき立て、みずから怒りを起こさせ浮き立つようにさせ、彼の疲れたところを奇襲して後の勝利を得る。

「横ヲ用イル事」とは何か。不意を撃つと同義だが、ここに「奇兵」の出番がある。つまり「正兵」を以て敵の正面にあたり、戦いの最中、「奇兵」を以て敵の思いがけないところに横合いから出て真横に撃つ。「衝背戦《しょうはいせん》」もこれである。源平の戦いで、義経が常に平軍を破ったのは、この「横ヲ用イル」戦法であったことを忘れてはならない。

松陰の高弟高杉晋作は、のちに外国連合艦隊来襲に備えて奇兵隊を組織しているが、その基本構想は松陰の『西洋歩兵論』に酷似している。「兵は正を以て合い、奇を以て勝つ」という孫子の兵法は、万古不易《ばんこふえき》のもので、今、西洋人と陸戦することになれば、正兵とは別に奇兵を使うほかはないというのである。

松陰がこれを書いた安政五年九月、高杉は江戸に出ているから、松下村塾で直接聞くことはなかった。文久三年の四月から六月はじめまで暇をもらって松本村に隠棲している間、高杉は杉家から松陰の遺著を借り出して読みふけっている。彼が奇兵隊を結成したのは、その直後である。

また安政四年に入塾し、翌年の松陰投獄まで松下村塾にいた山田市之允は、後年の陸軍中将山田顕義である。当時十四歳だったが、長沼流軍学者である伯父山田亦介《またすけ》（松陰も従学した）から仕込まれており、少年組の中では進んだ存在だったから、松陰の兵学講義を熱心に聞いたはずである。松陰の死後には、その遺著『孫子評註』の写本をつくっている。やがて市之允が〝用兵の奇才〟といわれる軍事専門家になる基礎は、松下村塾でつちかわれたものかもしれない。しかも山田が最も得意とする作戦は、しきりに松陰が説いた「衝背戦」なのであった。

松下村塾における文科の講義は、かなり錯綜《さくそう》している。各グループ毎にあれこれを選んだらしく儒学・国学から和漢の史書をまじえた。教科書として使われたらしい書名を見てもそれがわかる。

『講孟余話』は松陰の名著として知られている。これは野山獄中にひきつづく杉家での講座で終わっていたが、『孟子』は松陰の生涯をつらぬく思想の中心を流れており、塾生にも強い影響を与えた。『論語』については詳細な教案を遺しているから、これも主要な講座だったようだが、「先生の学、もとより朱子学を主とすと雖も、敢へて一に偏せず、その論語を講ずるにあたりても、諸注一見の便を以て、時としては『論語徴集覧』を以てし、或は古注、或は仁斎、又は徂徠《そらい》・王陽明の説を交へ、之れに己れの発明説を加へ、取捨折衷せられ、その余考証を主とせり。その発明するところ多く之れに拠《よ》れり。国朝の学に至りては、本居《もとおり》翁の『古事記伝』を主とせらるれども亦一に偏せず、水戸学・山陽翁の説も採り、或は『野史《やし》』に徴せらるることあり」(「松下村塾零話」)という。柔軟な講義ぶりである。

松陰を朱子学者と言い、また陽明学者ときめつけるのは、いずれも間違っているし、松陰自身、「吾れ専ら陽明学を修めるには非ず。ただその学の真、往々にしてわが真と会ふのみ」と言っている。仮に長生きしていたら、いわばそれらを止揚《しよう》して「松陰学」とも称すべき学統を建てたのかもしれない。

つまり松下村塾は儒学塾ではなかったのである。明治になって長州藩には洋化思想に反対し、あくまでも攘夷をとなえた頑固な守旧派があり、大楽源太郎《だいらくげんたろう》・富永有隣といった人々がいる。彼らはいわゆる儒者だった。高杉晋作ら多くの松下村塾出身者が、開明的に柔軟に行動したのも松陰のその姿勢の影響と思われる。

松下村塾の講義室（松陰神社蔵）

杉家での講義を終わったあたりから、松陰の関心は和漢の史書にかたむいている。そのころ松陰は兄の梅太郎と経学《けいがく》か史学かの議論をしたことを、ある人への手紙に書いている。「歴史を読んで賢豪の事を観て志気を激発するにしかず。心を励まし、気を養ふは、遂に賢豪の事実にしくものなし」。史学を重視するという結論だった。

以後、『日本外史』『陰徳太平記』また『春秋左氏《しゅんじゅうさし》伝《でん》』『資治通鑑』などを講じはじめている。その他、村塾の歴史の教科書として使われたのは、『古事記』『古事記伝』『六国史《りっこくし》』『日本政記』『大日本史』『中朝事実《ちゅうちょうじじつ》』などであり、漢籍では前に挙げたもののほか『十八史略《じゅうはっしりゃく》』『元明史略《げんみんしりゃく》』『清三朝実録《しんさんちょうじつろく》』、また松陰は平戸旅行のとき読んだ『西洋列国史略』『和蘭陀《オランダ》紀略』をはじめ西洋史に関する書籍は、かなり詳しく抄録しているので、塾生との会話には当然それらに触れることがあったにちがいない。松陰はすでにフランス革命の概略もつかんでいたのである。

みんなが同一の教科書を手に講義を受けることはできなかったが、教本にする書籍だけは充分にあった。松陰は読書家であり、その蔵書も個人としては膨大なものがあった。野山獄に入ったときの『野山獄読書記』を見ると、入獄直後から二ヵ月間に『延喜式《えんぎしき》』『坤輿図《こんよず》識《しき》』『海国図志《かいこくずし》』『日本外史』『周易伝儀《しゅうえきでんぎ》』など百六冊を読み、その後一年間に五百五十四冊を読んだ。出獄後の安政三年中の読書は五百五冊、安政四年が三百八十五冊だった。獄中からの三年間に読んだ本は合計千五百冊に達している。それらは借本もあるが、ほとんどは松陰の蔵書なのである。

松陰は塾生を諭《さと》して言った。「およそ学問は一つに的をしぼって精通することが大事で、雑駁《ざつぱく》に渉《わた》るのはいけない。宋《そう》の司馬光《しばこう》の『資治通鑑』、本居宣長《のりなが》の『古事記伝』のように畢《ひっ》生《せい》の努力を一つ研究に捧げている。彼らは他の書を読むにしても、その目的に沿っているのであり、他の著述があってもすべては余力から出ている。だからその説明は確かで、しかも卓越するのである」

不規則に、雑然とした講義をひろげているように見えても、松陰は塾生たちがそれぞれに専念すべき目標をつかむように学習を指導した。それが松下村塾のような複式学級から生まれた方法論でもあったのだろう。

松下村塾での学習の実際や塾生の出入り、その時刻などは、安政四年に松陰が書いた『丁《てい》巳日乗《しにちじょう》』からうかがうことができる。一月の項を取り出してみよう。

四日　玉木弘（彦介）、朝、方正学文粋《ほうせいがくぶんすい》十枚受く（授講の意）。夕飯後、岡部繁之助・増野徳民・栄太郎と外史八枚を受く。夜、岡部・佐々木謙蔵・徳民・栄太郎と講釈す。

五日　国司仙吉の為めに礼記《らいき》六枚。禹貢《うこう》本文一篇。

六日　玉木叔父来り、牧民忠告を読む。松島瑞益《まつしまずいえき》来る。夜亥後（午後十時）、外史の新田氏を読む。（玉木・岡部・増野・栄太郎）

七日　為めに坤輿図識を読む。妻木弥次郎《つまきやじろう》来る。為めに禹貢を読む。国司の為めに礼記を読む。玉木彦介、夜亥後、経済要録を読む。甚だしく眠りを欲す。故に拾余葉にして乃ち止む。

八日　外史の新田氏を読む。午後、謙蔵・彦介・梅三郎・繁之助・徳民・栄太郎の為めに孟子を講ず。

九日　経済要録を読む。亥後、栄太至る。

十日　夜、孟子会講。徳民・岡部・玉木・栄太・春哉《はるや》・佐々木謙蔵。会後、栄太・徳民と経済要録を読む。

十一日　方正学文粋、彦介。外史、岡部・玉木・徳民・栄太。新田氏終る。亥後、栄太・春哉至る。春哉の為めに医学の要を論ず。

十二日　経済要録、朝夕。礼記。亥後、要録。この日、中谷猪之助至り、農事を談ずること極めて盛んなり。佐々木亀之助来る。

十三日　橙樹二株を移す。栄太来り、終日自ら業す。一字も対読せず。夜亥後、栄太・徳民と要録を読む。久保清太、江戸より中朝事実二冊を贈致す。

十四日　岡部繁之助・佐々木謙蔵・玉木彦介・徳民・栄太郎、読まずして毛盤（原稿用紙の木版）を刷る。

十六日　武教全書を講ず。岡部繁之助・佐々木謙蔵・玉木彦介・徳民・栄太郎来り聞く。経済要録終る。亥後、始めて坤輿図識を読む。

十八日　徳民・栄太の為めに図誌を読む。亥後、会講、岡部繁之助・佐々木謙蔵・玉木彦介・徳民・栄太。

二十日　玉木彦介・栄太・徳民の為めに山陽詩鈔《さんようししょう》巻の一を読む。彦介の為めに方正学を読む。亥後、彦介・繁之助・佐々木謙蔵・栄太・徳民の為めに日本外史を読む。

二十三日　朝、栄太来る。午後、佐々木梅太郎《（三郎）》・栄太・徳民の為めに坤輿図識を読む。

二十九日　岡部繁之助・玉木彦介・栄太・徳民の為めに外史を読む。午後、栄太・佐々木梅太郎《(三郎)》・徳民の為めに坤輿図識を読み了る。

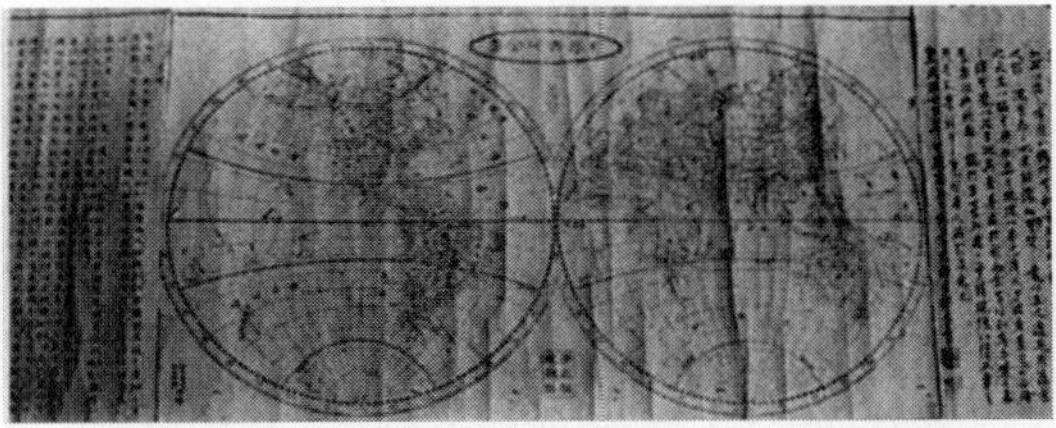
松下村塾で使った『新製輿地全図』(松陰神社蔵)

安政元年、兄に出した手紙に、松陰は「地理学は弟篤く好み、かつその才ある方に御座候。よつて色々の本を見たがる事に候」と書いている。地理は兵学の上からもまた歴史を学ぶにも必要な学科だと松陰は考えていた。『講孟余話』には、かつて金子重之助にもそれを語ったことを述べている。歴史地理学の思想である。前掲、会読の中にも『禹貢』の書名が見える。それは『書経《しょきょう》』第六篇の地理書である。

「先生の歴史を読まるるには常に地図に照合し、古今の沿革彼《ひ》我《が》の遠近を詳《つまびら》かにす。依つて地理に精通せり。常に曰く。『地を離れて人なく、人を離れて事なし。人事を究めんと欲せば先づ地理を見よ』と」(「松下村塾零話」)

松陰は世界地理書『新製輿地全図《よちぜんず》』を持っていたから、塾生たちに縦覧させ、また自分が行脚した全国各地の地理的・歴史的な情況を語るについては、後に述べる「飛耳長目《ひじちょうもく》」の情報教育とも関連している。

数学も松下村塾の主要な科目の一つで、壁には松陰が作成した『九数《きゅうすう》（九々《くく》）乗除図《じょうじょず》』が貼ってあった。品川弥二郎は次のように語っている。

「（松下村塾では）地理・歴史・算術を主とし、塾生にいつもやかましく言はれたり。算術はこの頃武家の風習として、一般に士たる者はかくの如きことは心得るに及ばずとて卑しみたるものなりしに、先生は大切なることとせられ書生にも九々を教へられたり。先生はこの算術については士農工商の別なく、世間のこと算盤珠《そろばんだま》をはづれたるものはなしと、常に戒められたり」（『日本及日本人』第四九五号）

次に作文の学習もあったが、「文章の道に心を潜めて辞句花やかなるを主とするには之れなく、達意にして明白なるを以て主と致し候」と、佐賀の学者草場《くさば》佩川《はいせん》への手紙に書いているように、塾生たちにも美辞麗句ではない達意の文章を書くように指導した。

書家である富永有隣が招かれてから、村塾で習字が盛んになったのは当然だろう。「（松陰の）字は下手であつたが、先生は字を上手になるやうには教へられなかつた」と門下の正木《まさき》退蔵《たいぞう》は語っている（『日本及日本人』第四九五号）。たしかに松陰は右上がりの癖字だった。楷書に近く読みやすい字で書き、二十字・二十行、四百字詰の原稿用紙を使っている。十七歳のとき書いた『外夷小記』などは実に整った書体なので、それが次第に変化したと思われるが、原稿用紙の枡目を埋めて行く過程でそうなったのかもしれない。松下村塾には原稿用紙の版木があり、印刷機で必要に応じて刷った。塾生たちもその版木を使わせてもらい自分用の原稿用紙を作った。彼らは「対策」（後述）などもそれに書いて松陰の批評を乞うたのである。

学習の方法

安政五年六月、松陰は『諸生に示す』の一文を書き学習の心得を塾生たちに呼びかけた。その要点は「学の功たる気類先づ接し、義理従つて融《とお》る。区々たる礼法規則のよく及ぶ所に非ざるなり」ということである。つまり礼法や規則によって学習の効果があがるものではなく、師弟の人格的接触によって互いの心が融合するとき、意義・道理が理解できるようになる。

そのためには畳の上での講義だけではなく、「相労役」して親睦を深めることも大事だが、師弟や塾生同士がよく発言して語りあう必要がある。さらに「沈黙自ら護るは、余甚だ之れを醜《にく》む」「沈黙自ら護る者は、自得語るべきものなきに非ずんば、則ち人を以て語るに足らずと為すなり。吾が志は則ち然らず。すでに語るべきものなくんば則ちやむも、いやしくも語るべきものあらば、牛夫馬卒《ぎゅうふばそつ》と雖も、まさに与《とも》に之れを語らんとす。況《いわん》や同友をや」と、討論し切磋琢磨することを求めている。師弟そして門人たちも横に結び、松下村塾を坩堝《るつぼ》の中で融けあうような活気あふれる教学の場とするためには、もっと積極的な声が上がなければならない。「諸生、村塾に来る者、要は皆有志の士、又よく俗流に卓立す。吾れ憾《うら》みなし。然れども意偶々《たまたま》感ずる所あり。故に聊《いささ》か之れを言ふ」と締めくくっている。

松下村塾の学習は、講釈・会読・順読・討論・対読・看書・対策・私業に分類される。「講釈」は松陰の講義である。「会読」は「大学会」「孟子会」というように、教科書の内容によってグループが分かれる。「順読」は「輪講」ともいう。塾生が順番に講義をして質問に答える演習である。「対読」は松陰と塾生、読書力のある先輩と弟弟子が、机をへだて一対一で向かいあって読む個人教授。「看書」は自習。「対策」は塾生に課題を与えて答案を書かせ、松陰が批評し添削する。作文指導の一種だが、これによって人物の個性が観察でき、それに応じて指導する重要な課目である。「私業」は任意の読書で、読了後に皆の前で所感を述べ、批評を受ける。この中で松陰が力を入れたのは、会読・討論・対読・対策・私業だった。「沈黙自ら護るは、余甚だ之れを醜む」と言ったのは、討論がおとなしすぎることへの不満だったのだろう。

学習の一例として、高杉晋作の「対策」とそれにたいする松陰の批評が残っている。高杉に与えられた課題は『弾正益田《だんじょうますだ》君に奉るの書』というのだった。益田弾正は松陰が親しくしていた藩の家老である。この家老に読ませるつもりで『幕府を諫《いさ》むるの策』『富国強兵の本《もと》』を書けというのだ。

「断然憤激し、以て神州の大義を我が君侯《くんこう》に陳《の》べ、公これを善しとすれば、則ち檄《げき》を十万石以上の列諸侯に馳《は》せよ。列諸侯皆我れに服せば、則ち列諸侯と共に幕府を論じ、列諸侯中或は服するあり、或は服せざれば、則ちその服する者と共に幕府を論ぜよ……」（原漢文）

そのとき十九歳の高杉は心血をそそいでその対策を書き上げ、松陰に提出した。松陰はそれを添削して、別に大要次のような『暢夫の対策を評す』を書いて返している。

「自分はシナの科挙文《かきょ》（官吏登用試験文）のような文体は嫌いだ。幸いに村塾の者にはそれがなくて結構だと思っていた。頼山陽《らいさんよう》は科挙文の如き文を書くので嫌いだが、山陽は文豪だから文章に生色があるが、貧弱な筆力で山陽を真似たものは実に陳腐である。高杉が示したこの稿は一見、山陽を思わせたので読む気になれず、机上においたままにしていた。次の日、目を通してみると、なかなかのものである。引き込まれて最後まで読み終わった。これはまさしく我が国の文である。強兵の文末などは反復して、ますます喜んだ」

この対策は松陰と高杉の間を三回も往復して原稿は朱で染まったという。大直しの添削だったから、初稿は松陰の気にくわない文章だったのかもしれない。しかし最終的にはそのように褒め上げるのである。

塾生の人物評でも、たとえば有吉熊次郎を「満家俗論にして、おそらくは自ら持する能はざらん」としながらも「然れどもその正直慷慨未だ必ずしも磨滅せざれば、則ち亦時ありて発せんのみ」と、その欠点を指摘しながらも、未来への希望を持たせるのが松陰のやり方である。

松陰の「講釈」は、『講孟余話』や『孫子評註』に見られるように、その博覧強記縦横の緻密な講述は、微に入り細にわたり、一言一句おろそかにしない徹底したものだった。

「先生の書を解釈せらるるは、専《もっぱ》ら文法より入る。経書の如きも講会の時しばしば文法を説かるることあり。『論語』学而第二章、其為人《ヒトトナリ》孝弟の章を以て、詩の起承転合を説き示さるる如き類多し。塩谷世弘《しおのやせいこう》(宕陰《とういん》)かつて先生の著『孫子評註』を見て、その文法より解釈を下されたるに深く感服したりと云ふ。けだし先儒《せんじゅ》多く意義の解釈を先にして誤謬少なからざればなり」(「松下村塾零話」)

ちなみに遺された松陰の『論語』講義の教案を見ると、「子曰く、学びて思はざれば則ち罔《くら》し。思ひて学ばざれば則ち殆《あやう》し」について、「章意」「字訓」「解釈」を述べたのち、「今の学者二大弊あり」という長文の「余論」を追加している。「彼らは字句については詳しく、よく文を作り、たくみな詩を賦すが、「その躬行心得《きゅうこうしんとく》如何と問へば、一つの言ふべきなし。政道時務如何を問へば、一つの用ふべきなし。是れ他なし、学ぶと云へども聖賢の言を以て心身に服せず、古《いにしえ》を以て今にあてて思ふことなければなり。一は学ばざるの弊なり。虚論高議をむねとし……」と、漢学者たちへの痛烈な批判を展開するのである。その「古を以て今にあてて思ふこと」が、松陰の持論であり、熱っぽい講義の魅力でもあった。

評価

幕末の有名塾、豊後の咸宜園と大坂の適塾は、厳格な「試業《しぎょう》」をおこなったことでも知られている。試業、つまりテストである。咸宜園では一ヵ月に九回もの試験を実施し、月一度、全員の成績を貼り出して発表する。それを「月旦評《げったん》」と呼んだ。月旦は『後漢書《ごかんじょ》』の「許劭《きょしょう》伝」にある言葉で、人物評の意味につかわれているが、咸宜園では試験の成績そのものであり、まさに塾生の品定めである。入塾者は門閥・学歴・年齢を「三奪」されて無級の塾生となり、以後は月旦評に従って無級から最高九級までの席次が決められる。各級は上下に分けられるので、二十段階を登って行くことになる。

無級が下等生、一級下から四級上までが中等生、五級下から九級上までが上等生である。講義室の席も上等生から順々に窓ぎわの明るいところを与えられ、下等生は薄暗い階段の下などに縮こまらなければならない。それが嫌なら必死にがんばって進級するしかないのである。資質にもよるのだが、競争が激しいからその進級もなかなか難しかった。

洋式兵制の権威とされ、明治政府の兵部大輔《ひょうぶたいふ》にのしあがった大村益次郎は、村田《むらた》宗太郎《そうたろう》といっていた天保十四年（一八四三）四月、二十歳で咸宜園に入塾したが、進級の速度を見ると、一級上から二級上まで約一ヵ月かかった。まずまず順調といえるが、十ヵ月後に四級上に達したあたりで足踏みとなり、それから三ヵ月経っても進級できなかった。彼はそこで退塾して、新たに蘭学を志しやがて大坂の適塾に入る。

緒方洪庵の適塾も咸宜園同様のきびしい試験があり、秀才たちの激烈な競争が繰り広げられていた。大村益次郎より九年あとに入塾した福沢諭吉の自伝に、シラミがわく乱雑な寮生活と凄まじい適塾の勉強ぶりが回顧されている。

それにくらべれば松下村塾の塾生たちはおとなしく、門下生の回顧談にも適塾のそれに似た話はほとんど出てこない。松陰は村塾の建物の中で寝起きすることが多く、執筆もそこでしたというし、寄宿生も数人程度である。静かな松下村塾の空気は、禁欲的な松陰の人柄にもよるのだろう。松陰は前述の『諸生に示す』で、塾生の発言が低調なことに不満を洩らし、活気のある学習を望んでいるが、爆発的な若者の熱気が充満しなかったのは試験などによる競争がなかったことも理由の一つだと思われる。

学習の効果判定は、指導者にとって必要なことであると同時に、競争心をかきたて学習意欲を高めるという二重の意味を持つ。適塾も咸宜園もそれを最大限に活用し、成果を上げたのである。

塾というよりも二百数十人収容の学校の形態を持つ咸宜園や医師の養成とオランダ語を習得させる特定の目的でひらかれている適塾などとはまったく性格を異にする松下村塾で、画一的な試験を実施し成績を評価することは不可能だった。

松下村塾も一応の評価基準がもうけられてはいた。そのことは『松下村塾記』に松陰が示している。学習態度の評定を三段階、さらに六つに分けて、これを三等六科とし、上等とは

「進徳・専心」、中等は「修業・励精」、下等が「怠惰・放縦」とした。評価の基準を知識の量におかず、学問にむかう姿勢にしぼっていることをあらわしている。方法はそれしかなかったと言えるが、効果判定としては漠然としたもので、しかも塾生をこれに当てはめて評価し発表した事実はない。松下村塾には、テストの成績を争って人の上に立とうとする競争原理はなかったのである。
試験の成績を争う激烈な競争は、互いの足を引っ張りあう心理がはたらき、冷えた人間関係を生じさせたりもする。咸宜園の淡窓はそれを心配して、塾生を時々は野外につれ出し、勉学に疲れた心を癒しながら心を通わせる開放的な遊びの機会もつくった。

「道《い》ふを休《や》めよ、他郷苦辛多しと。同袍《どうほう》友あり、自ら相親しむ。柴扉《さいひ》暁に出づれば、霜雪の如し。君は川流《せんりゅう》を汲め、我は薪を拾はん」

淡窓の有名な詩だ。しかし松下村塾では「相労役」によって、日常的に塾生同士が睦みあう空気があふれていたのである。
松陰は『駒井生に贈る』『山田生に示す』など、書簡とは違う、また送序とは別の塾生個人にあてた文章をおよそ四十通遺している。これがいわば松下村塾の「通信簿」のようなものだった。ほかに松陰が塾生にあてた手紙は約二百通にのぼっている。塾生の一人ひとりと相対しながら個性を育て、立志を説き、「千秋の人」となる未来への励ましを与えて、短い歳月での歴史的役割を果たしたのだった。

怠学の塾生にたいする松陰の呼びかけは、訴える調子のものもあれば、相手によっては叱りつける命令口調のものもある。品川弥二郎に送った手紙はこうである。

「(村塾に姿を見せないのは)内に自ら惧《おそ》るるものあるか。そもそもすでに自から立ち、吾れの論に於て与せざるものあるか。逸遊敖戯《いつゆうごうぎ》して学業を荒廃するは、則ち弥二の才、決して然らざるなり。説あらば則ち已《や》む。説なくんば即ち来れ。三日を過ぎて来らずんば、弥二は吾が友に非ざるなり。去る者は追はず、吾が志決せり」(『弥二に与ふ』)

『馬島甫仙に贈る』を見てみよう。

「村塾の一生に馬島甫仙なる者あり。家、世々医師なり。年甫《はじ》めて十四、書を読むこと極めて敏く、余深く之れを愛す。ただその童心多きを以て、未だ甚だしくは人の知る所とならず。孔子曰はずや、『重からざれば威あらず、学べば則ち固ならず』と。……今、甫仙の才と齢《よわい》とにして、しかも志あり。その自ら待つ、いづくんぞ今日の如きのみなるを得んや。之れを書して甫仙に与ふ。時に丁巳十一月十三日なり」

その後ある時期、甫仙がしばらく村塾にあらわれないことがあった。松陰が彼に出した手紙が遺されている。

「甫仙足下《そっか》、如何なる光景ぞや。僕、常に足下を待つに、塾中第一流の才を以てすれども衆未だ甚だしくは允《ゆる》さず。而《しこう》して僕も亦頗《またすこぶ》る疑ふ。足下誠に才あり。才あれども勤めずんば、何を以て才を成さんや。……明早に及んで必ず来れ。僕、まさに之れを尽言す。臘月廿日」

（『馬島生に与ふ』）

松陰の熱誠あふれる手紙を受け取った甫仙はふたたび村塾に通いはじめた。

ところでここに松陰は一人称の「僕」を使っている。「僕」という謙称の初見は、『漢書』とされている。同書の韋玄成伝《いげんせい》に「自称為レ僕、卑辞也」とある。日本には平安時代か、それ以前かにこの言葉が輸入されたが、僕と書いてヤツガレと読んだらしく、ボクと音読みにするのはずっと後世で、幕末でもまだ一般化されていない。このころ最初に「僕」を自称したのは、おそらく松陰ではないかと思われる。

松陰がこの謙称を使ったのは、江戸遊学中の嘉永四年（一八五一）十二月九日付で、師の山田宇右衛門《やまだうえもん》にあてた手紙に「僕、斯ノ二者ニ茫乎《ぼうこ》タリ」という文章が見える。その当時、松陰はしきりに『漢書』を読んでいるのである。以後、松陰は親しい人々にたいしては「僕」を書くようになったが、藩に提出する文書などには「私」をもちいている。

文久二、三年の時点でも、長州人の桂小五郎、大村益次郎が「私」、他藩では武市半平太《たけちはんぺいた》が「小生」、淵上郁太郎《ふちがみいくたろう》が「野生」、五代才助《ごだいさいすけ》が「小生」で、松下村塾出身の高杉晋作・久坂玄瑞・入江杉蔵・松浦亀太郎・中谷正亮らは一斉に「僕」を使っているのである。この人称の例にも松陰を渇仰《かつごう》した松下村塾の若者たちの気風がうかがえる。つまり幕末の早い時期において「僕」と自称したのは、松陰とその影響を受けた松下村塾の塾生たちに限られるといってよい。

絶えず自己主張をくりかえした松陰が、最もふさわしい自我の謙称として選んだのがこの「僕」だったのだ。松下村塾の塾生がそれにならい、彼らと接触のあった人々に伝わって行ったとみられる。拙者・それがし・身共《みども》といった武家言葉を、僕と置き換えた松陰の一人称は、新しい人格を表現するものだった。松下村塾の在り方を象徴しているようにも思えるのだが、同時にそれは異端の感触を周囲にただよわすものだったかもしれない。

飛耳長目

「先生の国事に尽力せらるるには、天下の同志知己または門人の各地に遊歴する者と、互ひに風説事情細大となく通報し、之れを『飛耳長目《ひじちょうもく》』と題せる書冊に編纂せり。故に身一室を出ずして、京坂江戸その他各地の形勢を詳悉し、従つて之れが画策を施さる」(天野御民)

「塾には『飛耳長目録』と云ふものありて、今日の新聞様のものを書き綴りしものである。主に交友または上方より来る商人などの談によれり」(渡辺蒿蔵)

現在遺されているのは『読余雑鈔・新聞雑輯』で、これも『飛耳長目録』と同様、国内の動きや外国との条約交渉の経過などあらゆる情報が、日々書き加えられた。江戸から帰ってきた藩士から聞いた話、諸国をまわってきた商人その他、松陰のもとに集まる情報を書きつづったもので、いわば塾内新聞である。

「耳を飛ばし目を長くして、できるだけ多くの情報を入手し、将来への見通し、行動計画を

『読余雑鈔・新聞雑輯』（松陰神社蔵）

立てなければならない」と、松陰は塾生たちに情報の必要性を説いた。松陰自身、自由なころはよく旅行している。通信機関の未発達なこの時代、山陰の一隅に坐っていたのでは、情報は得られない。自分で出かけて集めるしかなかったのである。時勢の動きを把握し、行動を決定するために必要な情報収集は、切実な課題だった。

九州旅行に始まる松陰の旅は、知識を求め、見聞を広めるためだが、一面では情報収集活動だった。国内からついには海外にまで触角をのばそうとして失敗したのだが、幽囚の身となってからも、情報を集める努力は決して怠らなかった。

飛耳長目は松下村塾のモットーだったが、塾生にたいしてだけでなく、藩政府にも情報について進言している。時代の激しい動きが目立ちはじめた幕末になると、藩でもそれに関心を持ち、それまで藩士の公用旅行に関する単純な事務をとっていた遠近方でも、帰国した藩士に諸国の模様を報告するように義務づけた。松陰は長崎などに医学留学する者には「報知費」を出せと進言した。せっかく藩にとって大切だと思われる情報を手に入れても、それを飛脚に託して国許《くにもと》に送る経済的な余裕のない留学生に、その費用を渡しておけというのである。情報の価値が量と質、そして速度によって決まることを、激変する政情に対応しながら言論活動していた松陰は、だれよりも痛感していたのだろう。

自由を失った松陰に代わってそれをやったのは松下村塾の塾生たちである。彼らは松陰の分身として、長崎へ京都、江戸へと飛ぶのである。かつては画家であった塾生の松浦松洞(亀太郎)が藩の要路のところへ肖像画を描きに行き、雑談中に得た情報を持ち帰ったのは、むろん松陰の指示によるものだったし、江戸へ出た久坂玄瑞をはじめとする門下には手紙で探索を依頼した。松下村塾の塾生は、一時期あたかも情報忍者となって、松陰の目となり耳となって動いたのだ。

安政五年七月ごろ、「幕府は天皇を京都から彦根城へ幽閉しようと計画している」という流言が広がった。松陰はさっそく藩政府に真偽探索者を京都へ派遣せよと要求した。しかし同時に京都にいる中谷正亮らへ送った手紙には「この儀少しは書生論行はれ候気味もこれあり候。……彦根等のことは一人御遣し相成り候はば実事明白に之れありべく候」と書いているから、事実無根の噂にすぎないと考えていたようである。にもかかわらず松陰は、すぐに複数の探索者を出せと藩にせまり、その人選に杉山松介・伊藤利助・伊藤伝之輔《でんのすけ》・山県小輔《こすけ》(いずれも中間)ら六人を推薦している。藩としては捨ててもおけず、送り出すことにした。すべて軽輩であり、三人までが松下村塾の塾生である。山県小輔はまだ入塾していなかった。帰国後の九月、松下村塾の門をくぐった。

松陰は京都に旅立つこの若者たちにむかって、今こそ軽輩の実力がどのようなものであるかを示してやれというのである。探索者を出せと強く進言したのは、有能な彼らが藩に起用される機会をねらったのであり、また塾生たちには京都の情勢を調べて自分に報告させようとする意図もあったのだろう。このとき松陰は『六人の者を送る叙』を書いて彼らに渡して激励している。

「往《ゆ》け六人。本藩方《まさ》に飛耳長目を以て務となす。汝らを使ふ所以なり。汝ら奔走駆役、他日俗吏輩のために奴僕視せらる。一旦変故に遭遇し、文武志気を以て選ばる。事軽しといへどもまた以て少しくその気焰《きえん》を吐くべし。汝ら各々その耳を飛ばしその目を長くし、選ばれし所以の意に報ぜんことを思はずんば、将《は》たいづくんぞ六人の者を以てなさんや。吾れ常に嘆ず。都会の弊は坐して四方の見聞を収め、あまねく天下の事務に応じて、志足り意満ち、探索を以て急となさず。博に似て実は陋《ろう》、あまねきに似て実は偏なること、往々にして然るを。……」

松陰は松下村塾に居ながらにして、安政五年七月には、日米修好通商条約の案文も入手していた。江戸に召喚された松陰が、評定所で条約文を暗誦してみせたりするので、取り調べの奉行らは蟄居の身で方々を歩きまわっていたのではないかと疑ったほどだった。松下村塾の出身者は、そのような松陰から、徹底した情報教育をほどこされたのである。

第五章　対外活動

官学との抗争

安政四年（一八五七）の春ごろから、明倫館では月一回、時務会という集会がひらかれた。ペリー来航による和親条約の締結からさらに進んで、来日した米使ハリスが日米修好通商条約の締結を幕府に迫り、その是非をめぐる議論が沸騰し中央情勢は激しく揺れ動いている。

長州藩はそうした政局に傍観の態度をつづけているが、学生たちのあいだで時局論が戦わされるのも当然のことだった。藩校当局としては学生が政治運動に関わることを警戒していたが、時事への関心を禁圧するのも得策ではないと考え、教授立ち会いの上で討論させることにした。

教授が課題を出して学生に討論させるのだが、議論百出して収拾がつかず、結局は声の高い者が勝つというありさまだった。あるとき「諸侯は幕臣か天朝の臣か」という課題が提出された。条約勅許をめぐって尊王攘夷論が高く叫ばれるようになると、これは切実な問題だった。学生の多くは「幕臣論」であり、それに激しく反論したのは松下村塾に通っている学

藩校明倫館の門と武道場（現・明倫小学校。萩市江向）

生たちである。

松陰自身かつては「僕は毛利家の臣なり。故に日夜毛利に奉公することを錬磨するなり。毛利家は天子の臣なり。故に日夜天子に奉公するなり」とする反面、「幕府への御忠節は即ち天朝への御忠節にて二つこれ無く候」（安政二年四月、兄梅太郎への手紙）とも言っていた。それが野山獄に在獄中、安芸《あき》の僧で「王民」と号し徹底した幕府否定論者として知られる黙霖《もくりん》からおよそ一年間にわたる論争を吹きかけられ、封建家臣として曖昧な立場を論破され、「終《つい》に降参するなり」と屈伏した。幕府は天子の臣として国権をあずかっているのであり、諸侯は幕府と共に天子の臣であるという松陰の国体観は、松下村塾の塾生たちにも浸透している。彼らは痛論して大混乱となる。以後、時務会は中止となった。

山県半蔵（のちの宍戸璣《ししどたまき》）が明倫館都講本役となった安政五年に入ってからも、この議論はつづいた。半蔵は一つ年上だが、松陰の兵学門下となり親しくしていた間柄である。しかし半蔵が明倫館学頭《がくとう》だった山県太華の養子となってから、養父が主張する幕府の御用学者的な国体論を継ぎ、松陰とは絶交状態になっている。

かつて太華は松陰の『講孟余話』を酷評した中で、国体論——太華は国体という言葉そのものを忌み嫌っていたのだが——を展開している。

「私はひそかに思うのだが、当世は皇朝学とか国体学などと称し、水戸より出た学派は、外国を排斥するばかりではなく、皇朝を再興しようとしているようだ。日本では鎌倉幕府以降、公家と武家に別れ、これより以前を王代とし、以後を武家の世とするのである。公家は位をつかさどり、武家は土地人民をつかさどることになった。そもそも位というものは虚名にすぎず、土地人民こそが政治の実体である。皇国とか神州とか国体とかは名義でしかない。その名義をもって東照神君《とうしょうしんくん》いらいの将軍家をおとしめようとしており、ついには諸大名が君臣の分に疑いを抱くようになって、禍乱のもとをつくるのは私の深く憂慮するところだ」

当然、その「幕臣論」の立場をとる山県半蔵に、松下村塾生たちは論争を挑み、さらに半蔵に同調する学生たちと対立した。それは明倫館在学中の学生ではなく、明倫館出身で藩の要職にある人々で組織する嚶鳴社《おうめいしゃ》と松下村塾の抗争に発展するのである。政治的な情況もからんだ官学と私学の対立だった。

村塾と明倫館の関係が険悪になろうとする安政五年の一月、松陰は周防遠崎の僧月性に大要次のような手紙を出している。

「昨夜、塾生の中谷正亮が藩の直目付《じきめつけ》・清水図書《しみずずしょ》のところへ行き、幕府がいよいよアメリカに臣従するようなこと（通商条約をさす）になれば、防長二国だけは断乎《だんこ》不同意を表明し、井の中の蛙《かわず》のような見方を捨てて、飛耳長目をつとめることが肝要であると申し述べたところ、清水氏も大いに喜び、決心の色が顔にあらわれていたと、今朝早くやってきて言っておりました。ただ家老益田弾正がそれをどう考えるかが心配です。それについて昨夜、中村道《なかむらみち》太郎《たろう》と土屋蕭海《つちやしょうかい》に手紙を出し来訪を乞うと、土屋だけは来て夜通し話しこんで行きました。中村は姿をあらわしませんでしたが、今後、藩のとるべき道を決定すべく、中村・土屋が清水図書を通じ藩政府を説得するはずであります。こうなると上人《しょうにん》の登場が必要ですから、おでましを心から待ちのぞんでおります。またそのうち各地の新しい情報があれば私にも、清水にも報知下さるようお願い申し上げます」

月性は松陰と親交のある人物で、周防の妙円寺住職だが、安政三年には本願寺に招かれ東山別院にあって本山布教にあたっていた。学識高く『仏法護国論』『清狂吟稿《せいきょうぎんこう》』などの著書がある。郷里に清狂草堂《せいきょうそうどう》という塾を開いて人材を育てたが「海防僧」の異名もあり、欧米列強に備える国防を主張する勤王僧としても信望を集めている名僧である。

このころ水戸の浪士三人が日米修好通商条約の締結を求めて江戸にでようとするハリスを暗殺しようとして果たさず、投獄されたという報が松陰のもとに伝わってきた。松陰は家老益田に手紙を送り、長州藩としても通商条約の締結に反対するように進言し、塾生の中谷を直目付の清水図書のところへやってその方針をすすめるように申し入れた。

もし幕府が条約締結を強行すれば長州藩だけでもそれに反対しようという松陰の主張に不賛成で、あくまでも観望論を強くとなえているのは、重臣の周布政之助《すふまさのすけ》だった。このとき三十六歳、微禄ながら天保改革の功労者・村田清風《せいふう》にその才を認められて昇進をかさね、藩政の実権をにぎる行相府の右筆《ゆうひつ》にのしあがった。安政五年からおよそ五年間は周布政之助が腕を振るう全盛期である。

周布は松陰にたいしてははじめ好意的だったが、松陰が日米修好通商条約の締結に反対し、徐々に幕政批判を強めはじめたころから態度を硬化させていた。少し以前から松陰は、中央の政局に対応する藩の方向を示唆する上書をしばしば提出した。自分の名は隠していたが、藩主はそれが松陰のものだと知って、必ず手許に届けるように命じた。周布はそれへの警戒心も抱くようになっていたのである。

松陰の死後、彼は松門《しょうもん》の人々を支援するほどになるが、当時すでに原案として動きはじめていた公武合体策ともいうべき長井雅楽《ながいうた》の『航海遠略策《こうかいえんりゃくさく》』に賛成するなど穏健な道を模索しているころだ。松陰の目には、周布という人物が、行動の前に立ちはだかる大きな障害と見えたにちがいない。

周布政之助は明倫館出身の秀才であり、彼の身辺にも明倫館につながる少壮官僚を配し、嚶鳴社という結社をつくっていた。嚶鳴社は学術研究を標榜しているが、要するに藩内の学閥を形成する集団だった。

松下村塾の存在が目立ちはじめると、嚶鳴社に属する藩士たちと、村塾の塾生である藩士との対立意識が深まっていった。とくに松陰が提出した論策に藩主が注目するようになってからは、国事犯の分際で藩政に関与するものだとして、嚶鳴社と松下村塾の対立はにわかに激化した。いわば主流の官学と野党的な私学の抗争といった情況である。

嚶鳴社の藩士たちは、庶民階層の人々も多くまじる松下村塾に内心軽蔑の視線をむけ、それに反発する塾生たちとの感情的な反目もある。こうした士・庶の対立意識は、のちの文久三年（一八六三）に高杉晋作が奇兵隊を結成した当時、藩の正規兵と奇兵隊とのあいだに同様の現象がおこり、ついに武力衝突という不祥事をまねいたことがある。長い歳月にわたる身分制度にゆがめられた価値観を是正しようとする松下村塾は、封建家臣団にとっては目障りな存在だった。門地門閥によって秩序をたもっている官学明倫館と、平等な人間関係を尊重する松下村塾、そして村塾の先進的な学風にたいして、保守色の濃い藩の要路たちはひそかな畏怖のまなざしを向け、松陰と塾生を過激な徒党とみるのである。

周布は松下村塾に協力する人々の切り崩しにかかった。松陰の親友来原良蔵《くりはらりょうぞう》はもともと嚶鳴社に属していたが、周布に誘われて態度を明らかにし、松陰の所論がきわめて非現実的であること、幕府は今条約の勅許《ちょっきょ》を朝廷に求めていて、それについて長州藩がとやかく嘴《くちばし》を容《い》れる必要はなく、政争に藩を巻き込むなどは許されざることだと批判した。

つづいて松下村塾の在り方に理解をしめし協力をおしまなかった密用方《みつようがた》右筆の中村道太郎、松陰の親友であり協力者だった学者の土屋蕭海も嚶鳴社の側について、「時勢観望論」がこのさい賢明であるとし、松陰に同調することから手をひいてしまい、松陰ともども松下村塾はにわかに孤立させられていった。塾生の中に動揺する者も出てくる一方で、嚶鳴社との武力対決も辞さずと不穏な決意をちらつかせる塾生もいる。窮地におちいった松陰は、ここで月性に救援をもとめることにし、大要次のような手紙を出した。


大いに困ったことが出来《しゅったい》しました。通商条約の反対など目下の時勢では現実問題として不可能だという反論があり、いったん私の意見に賛成していた中村・土屋も急にその方向に傾いてしまったようです。私の兄梅太郎のところにも、松陰が塾生たちと徒党を組んで不穏なことをしようとして胸中閑日月《かんじつげつ》のない男だと罵《ののし》る声が集まっているとのことであります。

また藩政府の諸公は、こんな時節に詩酒の会を盛んに催している始末です。このような情況を見たのでは、もう黙っておれないという気持ちです。生死も毀誉も考えず、ひたすら藩のために一身を捧げる決意をかためました。

わが師佐久間象山は、わが国の国内体制が整い、充分外国に対抗できるようになってからなら通信通市も心のままだが、人に開かれ「涙《るい》出でて呉《ご》に妻《めあわ》す」（『孟子』離婁《りろう》上篇）ようなことでは、とても国は持ちこたえられないと言っています。私もその説に賛成です。私の一身などどうでもよいことですが、こうなれば日本国もわが藩も今日かぎりの命運と思われます。国防のことは、もはや何の見込みもなくなってしまいましたが、このときにあたり、ご出府下さるわけにはいかないものでしょうか。上人が萩においで下されば、一夕のうちに決するのではないかと存じます。もし上人に理解していただけないとすれば、まことに恥ずべきの至りですが徒然の死をとげ、天下の士から哀れまれ笑われても仕方ありません……。

この松陰の手紙の興奮気味な調子からすると、嚶鳴社の攻勢が激しく、自分をもふくめた松下村塾の存立にかなりの危機を覚えていたと思われる。この時期、松下村塾はまだ藩の正式認可をとっていないので、閉鎖命令が出ることも予測されたのだろう。

松陰の求めに応じて、月性が萩にやってきたのは、安政五年二月十九日だった。二十九日まで城下で数回にわたり講演会をひらいている。「男児《だんじ》志を立てて郷関《きょうかん》を出《い》づ」の詩でも広く知られる月性の話というので聴衆も多く、表向きには寺院での法話だが、内容は時局講演会だった。松陰は講義を休んで、塾生二、三十人を会場に行かせた。

月性は松陰を訪ね、周布にも会って、嚶鳴社と松下村塾との「和睦」を勧めた。周布も月性には頭があがらなかったのである。周布の屋敷で両者の会談がおこなわれ、村塾を代表して中谷正亮・高杉晋作・尾寺新之丞・久保清太郎・富永有隣が出席した。感情的にいがみあうのは止め、真情相通ずるように努力しようということで決着し、調停を成功させて月性は萩を去った。それから間もなくの五月、月性は急死した。毒殺説もあるが、真相はわからない。松陰と松下村塾は強力な味方を失ったことになる。

報告を聞いた松陰は、「ただ和睦しただけでは駄目だ。松下村塾生すべてが周布を盟主とする会合に参加し、書生の妄言も言い尽くし、また政府側の実情も聞いて、意思の疎通をはかることこそ大事だ」と提言した。この会合がひらかれたかどうかは不明である。少なくともその年の暮れまでは嚶鳴社と松下村塾との抗争が表面化することはなかったが、根本的に解決したわけではなく、やがて松陰が老中の間部詮勝暗殺を叫ぶなど過激な言動を見せたとたんに、松下村塾はたちまち閉鎖に追い込まれるのだ。

交流

安政五年三月、藩内の須佐《すさ》から荻野《おぎの》時行《ときゆき》という者が入塾した。家老益田弾正の領地須佐は、萩から日本海沿いに約三十キロのところである。そこに益田氏が設立した郷校《きょうこう》「育英《いくえい》館《かん》」があった。幕末の長州藩内には、本藩の明倫館および支藩がかかえる藩校のほか郷校十九、私塾百五、寺子屋千三百七があった。その数において郷校は全国第一位、寺子屋は第二位、私塾は第四位だった。

育英館の学頭小国剛蔵《おぐにごうぞう》の高弟・荻野時行は、松下村塾の評判を聞いて、半月ばかり入塾し松陰の教育ぶりを学んだのち、郷学振興のため村塾の塾生をしばらくつれて帰りたいと松陰に願い出た。藩校に準ずる育英館と松下村塾の交流には違和感もあったが、久保清太郎はじめ十三人を行かせることにした。

松陰は「同舟風に遭《あ》へば呉越も兄弟なり。……今日の舟、その風に遇《あ》ふや亦甚し。松下、須佐左右の手となり、四海兄弟《しかいけいてい》、それこの挙より始めんか」と、彼らに送序を与えて送り出した。彼らが帰ってきて、四月になると、こんどは育英館から七人が松下村塾にやってきた。さらに帰郷するときは、村塾から四人が派遣された。ここから姉妹関係をむすんで育英館と盛んに交流した。育英館からは小国剛蔵も来塾し、意気投合して松陰との親交が始まる。

このことが伝わると、家老堅田《かただ》氏の領地で瀬戸内海にのぞむ周防戸田《へた》の壮士二十六人が、大挙松下村塾にやってきた。開国いらい外国の軍艦や汽船が内海を往復するようになり、対外危機感が高まっているころだ。彼らは松下村塾でやっている銃陣稽古に参加したいというのである。八月に入って、松本村一帯を走りまわる塾生と合同の稽古は十数日にわたり、城下で評判になった。

こんな時期、武士はいったい何をしているのだという声もあがり、明倫館で松陰の兵学門下となった藩士たちが、藩の許可を得て八月十八日、大井の浜で山鹿流の操練を実施して気勢を上げ、何か騒然とした気配が城下にただよった。その震源が松下村塾だという認識も広まってきた。嚶鳴社との和解ということもあって、松下村塾が正式に藩から認可されたのはその年七月だが、国事犯が勝手に私塾をひらいて活発に行動しているという反感は、依然として嚶鳴社の人々の間にただよっていたのである。

藩政への発言

江戸遊学を命じられた久坂玄瑞が、萩を発ったのは松下村塾の増築が完成に近づいていた安政五年二月の末である。塾生の中心的な存在だった塾生たちが、次々と松陰のふところから巣立って行く別れの季節を迎えていた。玄瑞につづいて三月には松浦松洞、六月には中谷正亮が京都に出た。

江戸にいる玄瑞から幕府が通商条約に調印したとの報が入った七月十一日には入江杉蔵が東行、そして家族の反対で萩に足踏みしていた高杉晋作も七月二十日には、江戸遊学の途についた。

玄瑞から重大な情報をもたらす最初の便りは、四月十一日に届いた。それによって、老中堀田《ほった》正睦《まさよし》が天皇から「通商条約の調印については、三家・諸大名の意見を聞き、あらためて勅許を求めよ」との命令を受けたことを松陰は知った。これは調印に反対する朝廷の意思表示とみられる。

松陰はすぐに『村塾《そんじゅく》策問一道《さくもんいちどう》』という短い文章をつくって重立った塾生に示し、これを松下村塾の意見として配布したいがどうかと相談した。諸大名の意見を聞くということになれば、長州藩主にもいずれ下問があるだろうから、断然通商条約の調印に反対の態度を明らかにせよという内容である。塾生たちはただちに村塾に備えてある木活字を組み、印刷して全塾生と関係方面に配った。

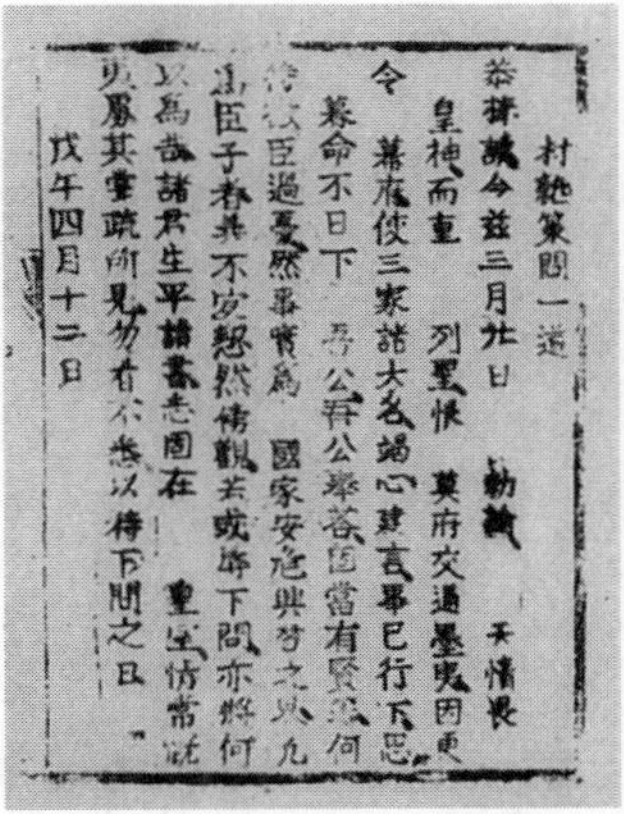
村塾策問一道
恭拝読今茲三月廿日　勅諭　天情畏
皇神而重　列聖憂　幕府交通墨夷因更
令　幕府使三家諸大名竭心建言事已行下思
幕命不日下　吾公将公挙答国当有賢策何
修以臣過憂然杞憂為　国家安危興替之所九
為臣子者其不安黙然傍観若或将下問亦将何
以為答諸君生平読書志固在　皇室仿常説
以服其書疏所見勿有不尽以待下問之日
戊午四月十二日

『村塾策問一道』（毛利元敬氏蔵）

松下村塾が藩政について発言し、公表して広く訴えたのは初めてのことだった。塾生ではなかったが、松陰の兵学門下だった妻木弥次郎ら三人の連名で、山鹿流兵学の講義をするため、松陰による私塾の経営を許可してもらいたいと願い出たのは、このような露骨な政治運動を藩政府が黙って見過ごすはずはないと危惧したためで、七月十九日、山鹿流兵学を教えたいので許可されたいという文書を藩に提出した。

許可願

杉百合之助 育《はぐくみ》 吉田寅次郎儀、大公儀御咎《おとが》

めの趣之れあり、蟄居仰せ付けられ、他人相対差し留め置かれ候。然るところ寅次郎儀、先年御家人召し放たれ候砌《みぎ》りより私共相弟中申し合せ、流儀兵学退転致さず候様つかまつりたく存じ奉り、明倫館に於て稽古の儀御願ひ申上げ差し免され、只今まで取り継ぎ来り候ところ、間々覚束《おぼつか》なきかども之れあり候。元来兵学の奥儀は秘授口決にこれある事に付き、相対の上、質問つかまつりたく存じ奉り候。当節寅次郎儀、重き御咎め中の儀、申し出で難く御座候へども、なにとぞ格別の御詮議を以て伝授以上にて出精の相弟計り騒々しく之れなき様相対差し免され候はば、後進引き立て流儀取り継ぎの一助にも相成るべくやに存じ奉り候間、この段よろしく御詮議を遂げられ下され候様願ひ奉り候。以上。

杉百合之助

許可指令

「他人相対」が禁止されているが、山鹿流兵学継承がこのままでは覚束ないので塾を開きたいという名目で許可を願い出たのである。周布政之助も村塾生の派手な振る舞いを内心苦々しくは思っていたが、嚶鳴社との和解が成立して間もないころだから、反対するわけにもいかなかった。表立った動きを牽制した上で、藩から正式に松下村塾を承認するという通知が、杉百合之助に渡されたのは、翌二十日だった。おそまきながらこれで松陰は松下村塾の主宰を公認された。

右育吉田寅次郎事、公儀より御引渡しの身柄に付き、随分念を入れ蟄居申付け、他人相対差し留められ、猶ほ尚親類に於ても気を付け候様仰せ付け置かれ候処、此の度山鹿流軍学見合中よりの願ひの趣之れあり、伝授以上出精の相弟計り騒々しく之れなき様相対差し免され候。其の余の儀は是れ迄の通り相心得、念を入れ候様仰せ付けられ候事。証人所

「騒々しく之れなき様」とした文言をとらえて、さらにそのことで念を押したところに、松陰の行動を不安そうに見守っている藩当局の視線があらわれている。

正式認可にはなったが、塾生の主要な顔ぶれが巣立ってしまい、松下村塾の最盛期は、すでに峠を越えたころである。松陰自身は高揚した論文執筆に精魂をかたむけている。年若い人々を集めた講義は、もっぱら富永有隣にまかせていた。

玄瑞をはじめ江戸や京都に散って行った門下生たちからは、さまざまな情報が送られてきた。それらは松陰を歯ぎしりさせるような膠着した政局と幕政の失態を報ずるものばかりである。四月には井伊《いい》直弼《なおすけ》が大老に就任し、六月には、通商条約の調印を朝廷の許可なく強行し、一気に片づけてしまった。

しかも入手したこのたびの通商条約の案文を見るかぎりでは、列強がその植民地に押しつけたものに似通っており、とくに外国人の治外法権をみとめるなど屈辱的な内容になっている。国力を充実させた後に、平等な通商条約を結ぶべきなのに、ハリスの恫喝に屈して不利

な条約に調印した幕府の対外姿勢に失望し、松陰は新たな怒りを発した。

江戸にいる久坂玄瑞から条約の調印を知らせる手紙が届いたのは、七月十一日のことである。翌十二日、重臣前田《まえだ》孫《まご》右衛門《えもん》に問い合わせ、藩にもそれが報知されていることを確かめると、松陰はほとんど動転して、「甚だ申し上げ難き事に候へども、要路中にもしや俗論邪説どもは御座なきや」と、いきなり切り出した手紙を前田に送りつけた。

「幕府が違勅を犯した上は、これに雷同しないのはもちろん、いたずらに安座していることは許されません。今後、どのような対策を講じようとしておられるのですか。また幕府に忠諌することが肝要と思われますが、これについていかが決せられるつもりでしょうか。概略のことをご教示下さるようお待ちしております」

これにたいして前田孫右衛門からは、「俗論などはないので安心されたい」と回答してきたが、藩の方針が確定しないので困っているとも書いていることから、藩政府の動揺がうかがわれた。さらに前田は「もし幕府がたくみに朝廷を説き伏せ、事後において勅許が出るようなことになれば、どうしたものであろう」と、逆に問い返してきた。

松陰はすぐに書き終えた『大義を議す』を前田に届けた。これまでも松陰の論策には幕政批判が随所にのぞいていたが、いくらかは遠慮がちなものだった。これほど幕府の違勅を怒り、無能を罵ったのは初めてのことで、「諸大義に準じて討滅誅戮《とうめつちゅうりく》して然《しか》る後《のち》可なり。少しも宥《ゆる》すべからず」と、明らかな討幕論を打ち出したのである。それは松陰と一心同体となって勉学し、ついには政治運動に乗り出した松下村塾の意思として藩政府は受け取った。ここに至って村塾の命脈も見えてきたとしなければならない。

松下村塾の閉鎖

藩の重臣たちは、松陰の激論をもてあまし、上書はすべてにぎりつぶした。藩主の意向もくんで松陰のためにそれまで開いてやっていた窓口も、かたく閉ざしてしまった。

七月六日、長く病みついていた将軍徳川家定《とくがわいえさだ》が死んだ。一橋《ひとつばし》派・南紀《なんき》派に分かれて暗闘をくりひろげた将軍継嗣問題は、すでに直弼の大老就任と同時に決着していたので、紀伊の徳川慶福《よしとみ》が家茂《いえもち》と改名して十四代将軍の座についた。

すでに将軍の死の前日には、前水戸藩主徳川斉昭《なりあき》をはじめ一橋派の人々が処罰され、一橋慶喜《よしのぶ》は登城停止となった。大老井伊直弼による報復が始まったのだ。安政大獄の胎動は、まず幕府の中枢にあらわれ、やがて梅田雲浜をはじめ幕政を批判してきた人士に、血の臭いをただよわせながら弾圧の手をひろげて行った。将軍継嗣問題と条約調印をめぐる幕府批判の二本の線がからみあって、世を震撼させる陰惨な大獄に発展したのである。

安政五年八月上旬、朝廷から水戸藩に下った〝戊午《ぼご》の密勅〟の写しが十三藩に配られ、長州藩にそれが届いたのはその月の二十一日である。朝廷を無視した条約調印を責め、また水戸藩主らの処罰の理由を問い、外患を目前とした内憂を早急に収拾せよとの内容だが、要するに幕府にたいする朝廷からの抗議だ。その写しを広く配付したのは幕府の違勅を天下に示そうとする京都からの攻勢であり、水戸藩士らによる陰謀だった。尊攘の志士たちは、密勅のことを知ってますます幕府への反感を強め、井伊直弼を憎悪した。これにたいする直弼の反撃が開始されると、多くの大名は萎縮した。長州藩もその例外ではなかった。

密勅の写しを受け取った藩の要路は、緊急に会議をひらき、とりあえず周布政之助が勅旨拝受を奏上するために上京した。そして彼の帰国後、藩政府は対処の方法として、討幕の藩論を打ち出すか、静観するかの案をまとめ、藩主の裁定を待った。藩主はやはり静観を選んだ。

日和見《ひよりみ》をきめこむ長州藩の姿勢に松陰は苛立ち、心血をそそいで書いた上書が何の力も持ち得なかったことへの徒労感にもうちひしがれた。戊午の密勅にたいする藩の態度が「観望論」におちついたことを知って、激怒あるいは極度の失望、落胆によって松陰は平静を失っているようだった。

安政五年九月三日、老中間部詮勝は、大老井伊直弼に激励されて江戸を発ち、京都にむかった。一足先に京都所司代《きょうとしょしだい》・酒井《さかい》忠義《ただあき》が着任している。この二人が井伊の股肱《ここう》といわれた人物である。反幕に沸く京都を鎮静させるという使命を帯びて、江戸から送り出されたのだ。酒井の任務は京都に集結する「国内の陰謀人刈り尽くし」であり、間部は朝廷内の粛清を狙うものだった。

間部には多少気の弱いところもあるので、井伊の密命を受けたその腹心長野主膳《ながのしゆぜん》が陰ではたらき、また伏見奉行の内藤正縄《ないとうまさつな》を抜擢して「御所向取締《ごしよむかいとりしまり》」兼務とし、間部を補佐して反幕の公卿を弾圧する任につかせた。

「御所向取締とは何たる不遜！」

松陰が痩せた腕をまくって憤慨するうちにも、志士狩りは始まり、梅田雲浜がまず捕らえられ、戊午の密勅の張本人の一人とされる水戸藩士鵜飼吉左衛門《うがいきちざえもん》が縛《ばく》についた。つづいて鷹司《たかつかさ》家の小林民部《こばやしみんぶ》をはじめ、宮家・公家の諸臣・儒者・学者など根こそぎに逮捕されていった。

松陰と親しくしていた梁川星巌《やながわせいがん》は、逮捕直前の九月二日、自宅で急死した。その星巌や雲浜との交流の線をたどって、ようやく松陰の身にも、大獄の魔手はのびようとしていた。

安政五年十一月に入ったある日の午後、松下村塾に一人の武士が訪ねてきた。

藩士赤川直次郎《あかがわなおじろう》（淡水《あわみ》）は二十六歳。松陰が明倫館の教授だったころ、兵学門下に名をつらねた彼は、塾生にはならなかったが、時々ふらりとやってくる。後年、養子に入って改名、禁門《きんもん》の変に参謀として参加した責任を問われ、「俗論派」から斬首される佐久間佐兵衛《さくまさへえ》である。大坂藩邸の留守居役兼蔵元役をつとめている直次郎は、松陰からも頼まれて、帰国するたびに京都などの様子や見聞を伝えていた。

彼は井伊直弼を暗殺しようという動きがあり、長州藩にも助勢してほしいらしいことを耳にしたと松陰に告げた。井伊のことは四藩（薩摩・越前・尾張・水戸）にまかせておけばよい。長州藩がやるのなら、間部詮勝と内藤豊後守（正縄）だと、松陰は思った。

井伊直弼の暗殺計画は、当時、志士の間に噂として流れていたものだが、それを画策したのは水戸人が中心で、彼らは脱藩浪士として志をとげようとしていたのである。直次郎が伝えた曖昧な風説によって、四藩が動き出したと誤解したことが、松陰を突進させる結果となった。

間部詮勝暗殺計画を松陰と塾生十七名が血盟して、松下村塾はただならぬ行動を開始した。この血盟に加わったのは、有吉熊次郎・入江杉蔵・岡部富太郎・小野《おの》為八《ためはち》・久保清太郎・作間忠三郎・佐世八十郎・品川弥二郎・杉山松介・時山直八・福原又四郎・増野徳民・吉田栄太郎とされているが他は不明である。このころ久坂や高杉らは江戸に出ており関わっていない。

別紙願事、近日発し候様、同志中追々盟約つかまつり置き候。右につき左の件々御周旋願ひ奉り候。

一、クーボール三門、百目玉筒五門、三貫目鉄空弾二十、百目鉄玉百、合薬五貫目貸し下げの手段の事。

一、京師へ伝之助（輔）・悦之助両人早々御遣し下されたく頼み奉り候事。……

この願書に添えた「別紙願事」には、薩摩・越前両藩が井伊直弼を暗殺しようとしており尾張・水戸ももちろん同意している。長州藩は間部閣老と内藤豊後守を討つことにしたい旨を述べ、「御当家勤王の魁《さきがけ》つかまつり、天下の諸藩に後《おく》れず、江家（毛利家）の義名を末代に輝かし候様つかまつりたく存じ奉り候」とむすんでいる。

十一月六日、重臣前田孫右衛門と周布政之助にそれを提出した。クーボールとは、軽便な速射砲の一種である。武器・弾薬を携えて京都に突入し、白日のもと大砲を撃ち放って老中を暗殺するというのだ。松陰から協力を要請された須佐の小国剛蔵も土屋蕭海も無謀な計画としてそれを拒絶した。

前田孫右衛門は「やらせてみろ」という態度だったが、周布政之助は大いに惧れて阻止しようとつとめた。彼は「藩も観望論をやめて近く行動を起こすはずだ」と現段階での軽率な行動をいましめたので、松陰はそれに従うことにしたが、日が経つにつれて周布に騙されたのではないかと疑い、松陰はそれを追及すると同時に「長井雅楽請詔の件」についても問いただすことがあると言いはじめた。

この「請詔の件」のくわしい内容は不明だが、藩が長井を朝廷に派遣して詔書を請わしめたことの真偽を質したもので、長井の公武周旋策つまり『航海遠略策』と関連している。松陰は反対の立場をとっていた。松陰の姿勢が硬化したので、十一月二十九日になり、周布は藩主に乞うて彼の投獄を決めた。その理由は「松陰の学術不純にして人心を動揺す」というのであった。

厚狭《あさ》郡吉田の代官をしていた叔父の玉木文之進は、「松陰の学術不純ということなら、自分は辞官して起居を共にしてそれを改めさせたい」と、松陰の投獄を免じるように藩に申し入れた。藩では名代官といわれている彼の辞任を許さず、その代わり松陰を杉家に「厳囚」することに変更したのである。

松下村塾では富永有隣が少年組を集めて講義をつづけ、年長の塾生二人ずつが当番となって師の世話をすることになった。松陰が投獄をまぬがれたので安心した文之進は十二月二日、任地に向かうため萩を離れた。するとその隙を窺うように突如その三日後に、周布は松陰の投獄を命じた。

有吉・入江・岡部（富太郎）・作間・佐世・品川・福原・吉田ら八人の塾生がおどろいて村塾に集まり、その夜、周布政之助の屋敷に押しかけた。松陰の罪名が「学術不純」ということなら、松下村塾で学んだわれわれも同罪なのかと詰め寄ろうとしたが、危険を感じた周布が逃げ出したので、座敷に上がり込んで居坐り深夜になって引き揚げた。彼らは暴徒とみなされて、後日八人とも「家囚」を命じられた。

　このころ松陰の父杉百合之助は、このたびのことで進退伺書を藩政府に出した直後から大病の床にあり、嘔吐が激しく食もまったく喉を通らず、家族は医師から生死のほどもわからないと告げられていた。松陰は「罪名論を不問とし、長井雅楽の追及も中止するので、父の看病をさせてもらいたい」と下獄の猶予を懇願した。それは聞き届けられ、百合之助の病状が小康を得た十二月二十六日朝、夜来の雪が降りつづく中を野山獄に送られて行った。獄におもむくにあたって、『村塾の壁に留題す』という長詩があるが、別に出発を送りにきた十四人の塾生に贈った五言絶句がある。

　送吾十四名　　吾れを送る十四名
　訣別曷多情　　訣別なんぞ多情なる
　松塾当隆起　　松塾当に隆起すべし
　村君主義盟　　村君義盟をつかさどる

　下獄する松陰を送りにきたのは、玉木彦介・馬島甫仙・国司仙吉・増野徳民ら十四人だった。不良少年の音三郎《おとざぶろう》も沿道から駕籠を送った。松陰の『投獄紀事《とうごくきじ》』によると、途中、暴徒の罪で閉じ込められている吉田栄太郎・品川弥二郎・入江杉蔵・岡部富太郎・佐世八十郎らの家をまわり、顔だけ合わせて別れを告げた。

松陰は自分がいなくなってからの松下村塾のことが気がかりだった。詩の中にある「村君」というのは妹婿の小田村伊之助（楫取素彦）のことである。しばらくは彼が主宰となって松下村塾での講義はつづいた。富永有隣は早々といなくなっている。松陰はそれを獄中で知り「有隣脱去、老狡憎むべし」と怒りを洩らした。

安政六年五月、江戸に召喚され、七月、伝馬町の牢に入るのだが、安政四年に米使ハリスを襲おうとして失敗、投獄されている堀江《ほりえ》克之助《かつのすけ》に出した手紙に松陰は次のように書いている。

「小生住居は萩の東隅にて松本と申す所にて、同志の会所を松下村塾と申し候。小生実父杉百合之助宅なり。小生投獄後は妹婿小田村伊之助と申す儒官是れをつかさどり居り候。久坂玄瑞と申すものも小生の妹婿なり。従弟久保清太郎と申すもの隣家なり。この三人とも村塾にて小生の志を継ぎ候……」

松下村塾にたいする正式な閉鎖命令といったものは出なかったので、松陰投獄後も小田村伊之助・久坂玄瑞・久保五郎左衛門・杉梅太郎・玉木文之進と一族の者や馬島甫仙らが継いで明治二十年ごろまでその名は残していたが、松陰が投獄されたこの安政五年十二月をもって事実上、歴史から消えた。そして「天下を奮発震動させる」英才を育てる松陰の役割も、そこで終わっていたのである。

「……これより戸を閉ざして屏居《へいきょ》し、厳に諸君と絶たん。諸君、各々為さんと欲するところを為せ。吾れは即ち静座黙処して、その如何を見んのみ」

失意の言葉をつらねた『諸友に示す』の一文をのこして、松陰はふたたび杉家の幽室に入った。そして間もなく再投獄された時点で、幕末の長州藩を震撼させた異端の小宇宙松下村塾は散開星団と化したのだった。

塾生の「心死」を嘆く

徳富蘇峰《とくとみそほう》は、その著『吉田松陰』で次のように言っている。

「松下村塾は、徳川政府顚覆《てんぷく》の卵を孵化《ふか》したる保育場の一なり。維新改革の天火を燃したる聖壇の一なり。笑ふ勿《なか》れ、其の火、燐よりも微に、其の卵、豆よりも小なりしと」

この表現は何かおどろおどろしい気配を感じさせるが、松陰は松下村塾の講義でいつも討幕論を塾生たちに吹き込んだわけではなかった。それは本文でも例示したような学習の日課にもあらわれている。対等の友人として激動する時局を語りあうことはあったが、ほとんどは読書を指導し、米をつき、草をむしる「相労役」で塾生たちと親しみ、会読し、情報の重要さを教え、西洋銃陣の稽古、撃剣といった「実学」に徹したおよそ一年間だった。

松陰には幕政批判の著書、藩への上書も多くあるが、純然たる個人の営為であり、それを教科書としたのではなかった。村塾の閉鎖直前、松陰は塾生十七人を間部詮勝暗殺計画に巻き込んでいる。堂々と武器の供与を藩府に願い出ているあたり、暗殺計画というには不審な点もあり、これは中央政局を傍観している藩に揺さぶりをかけようとする一種の示威行為ともみられるが、いずれにしてもこの事件のあと、門下生のほとんどは松陰を離れてしまい、高杉晋作や久坂玄瑞までが同調を拒否している。少なくとも松下村塾で危険な直接行動を鼓吹し、目的集団をつくり出そうという野心が松陰にあったとすれば、それを目的とした「教育」の方法がとられたはずだった。

間部詮勝暗殺計画の挫折を機に、松陰の知友の多くが絶交を宣言し、それにつられたようにほとんどの塾生の心は松陰から離れてしまった。これ以上ついては行けないと、はっきり意思表示した者もいる。

自分を離れて行こうとする門下にむける思いは痛切だった。音信の絶えた吉田栄太郎にあてた『無逸に与ふ』は、手紙ではなく愛弟子への心情を手許に書きとめた文稿として遺されている。栄太郎は松下村塾の四天王の一人に数えられた秀才である。

「無逸（栄太郎に松陰が与えた号）足下、如何の情態ぞや。吾れ獄に投じられて以来、念々足下にあり。而して未だ曾て一書も致さず。思ふに足下と雖も、未だ必ずしも吾れを念《おも》はざるにはあらざらん。しかもその牘《とく》（書きもの）に見はるる所のものは、去る七日の片言のみ。何ぞ相念ふの切にして、相問ふの疎なるや。吾れ日々足下を念ひ、日々足下を問はんと欲し、紙に臨みては即ち止む。……足下の質は非常なり。足下の才も非常なり。憂ふる所は学問未だ足らざるのみ。ただ願はくは古書を読み、古人に交はり、古人の為す所を為して、古人の思ふ所を思ひ、得るあらば教へられよ」

栄太郎は松陰の投獄に抗議して重臣・周布政之助の屋敷に押しかけたことを藩政府にとがめられ、自宅謹慎を命じられた。一緒に行動した門下生のうち藩士身分の者は十日ばかりでそれを許されたが、栄太郎と入江杉蔵は足軽の分際で不遜との理由で、一ヵ月も長く閉じ込められた。その処置に悲哀を感じた栄太郎は、許されると同時に以後松陰と行動を共にしないことを表明して萩を出奔したのである。

これに対して松陰は「無逸がまた叛《そむ》き去つてくれては、実に情に堪《た》へ申さず候。無逸、生得の奇気、学問師友を借るものに非ず。然るに今かくの如くなれば人生何の楽しむ所ぞ。……さればとて無逸を無理に吾が流儀へ引きつけうと云ふにはあらず。只々天地間不朽の人になつてくれたら、我に叛くも可なり」と言い、彼への批判の声も耳にしたが、「無逸は足下是れを度外に措《お》いてくれよ」（入江杉蔵への手紙）と、なおも暖かい眼差しをむけ、『無逸の心死を哭《こく》す』という詩を遺して刑場に消えて行った。栄太郎は松陰が刑死するまで、ついに沈黙を守り通したが、やがて戦列に復帰し元治《げんじ》元年（一八六四）六月、京都池田屋での志士の会合に出席中、新撰組《しんせんぐみ》の襲撃を受けて闘死するのである。

岡部富太郎（子楫）・松浦亀太郎（無窮）も、このとき松陰を離れた。

「二生、すでに兄を以て（兄のように）吾れを慕ひ、吾れもとより弟を以て之れを愛せり。いはんや無窮の才、子楫の気、あにそれ得やすしとして輒《たやす》く之れを棄てんや。兄弟は小忿《しょうふん》あ

りといへども遂に大義を害せざるなり。老兄幸に明らかにこの意を一生に伝へよ」(小田村伊之助への手紙)

馬島甫仙も「心死」の一人だった。松陰は自分がいなくなってからの松下村塾を小田村伊之助にゆだねることにしており、甫仙にそれを手伝うように頼んだが拒否された。松陰はこの少年の非凡な才能を認め、「最も読書を好む者は馬島甫仙に若《し》くはなし」と称賛していた。「吾れ獄に投じてこのかた一書も寄せらるるなし。然れども我が心中、遂にこの生を忘るる能はざるなり」と、嘆いている。

松陰の死後、馬島甫仙は志士として村塾出身の人々と共に活動し、攘夷戦に参加、奇兵隊に入隊したのち、松下村塾に帰ってきたのは、慶応元年のことだった。おそまきながら松陰の遺志を継ごうとしたのだろう。吉田栄太郎も岡部富太郎・松浦亀太郎も、志士として姿をあらわすのは、いずれも松陰の死後だった。

いずれにしてもかつての塾生たちが一斉に討幕運動に立ち上がるのは、松陰の死後数年を経たころからである。急変する時代環境に目覚めた彼らは、松門という共通項の中で連帯を組み「松下村塾党」と呼ばれる行動者の群れをつくったのだ。それには松陰刑死の衝撃が引き鉄《がね》となっており、結果的に松下村塾は「徳川政府顚覆の卵を孵化したる保育場」となった。松下村塾でひそかに分け与えられた火種は、消えることなく埋もれ火となって若者の胸中に生きつづけていたのだ。

たしかにそれは、「彼は造化児の手に成りたる精神的爆裂弾也。一たび物に触著すれば、轟然として火星を飛ばす。此の時に於ては物も亦た砕け、彼も亦た砕く。彼の全体は燃質にて組織せられたり、火気に接すれば乍《たちま》ち焔となる。その焔となるや、銀も鎔《とか》すなり、金も鎔すなり、石も鎔すなり、瓦も鎔すなり、彼の人に接するや、全心を挙げて接す、彼の人を愛するや、全力を挙げて愛す。彼は往々『インスピレーション』の為めに、精神的高潮に上る。而して此を以て他に接し、他を導いて此の高潮に達せしむ」（前掲書）と蘇峰が言う通りの強烈な感化力であった。松下村塾はその松陰の天性が最大限に発揮された場所であり、「薔薇の在る所、土もまた香し」くなるまで、一年という時間が短かすぎるということはなかったのである。

『留魂録』

松陰が過激な行動を起こした安政五年の末、その生命はわずか一年足らずしか残されていなかった。死後の松陰が志士たちの理想像として生きつづけたのは、刑死の瞬間にむかって収斂《しゅうれん》されるこの期間の行動にたいする畏敬の視線によるのである。そして松陰が後輩たちに垂範《すいはん》する行為をささえているのは「狂」への志向だった。

安政五年一月六日、松陰は通商条約締結に反対する意見を述べた『狂夫《きょうふ》の言《げん》』と題する上書を書いているが、それに「人は私を狂夫と見るだろうが、私は猛士であっても狂夫ではない。しかし孟子でさえも狂を教えたのだから、あえて狂夫と言われてもよい」といった意味のことを書いた。

また『講孟余話』の「尽心下」第二十七章でも孟子の言葉を引き、「狂」について述べているが、行動者としての松陰における「狂」とは、そこにある次のようなことを指している。

「何を以て狂というか。狂とはその志が浩然として誇り高く語り得るものであり、言《げん》、行《こう》をかえりみず、行、言をかえりみないことである」

暴威をふるう幕府に抵抗する志士たちが共通して抱いたのもまた「狂」であった。激動の時代を直線的に生き抜く力は、みずからを狂に駆り立てることから生まれた。素質や学問だけで養った才知だけでは、たとえば安政の大獄で血ぬられた旧時代の厚い壁の突破力とはなり得なかったからである。

高杉晋作が「西海一狂生《さいかいいちきょうせい》」と号し、自分の行動をあえて「狂挙」と称したように、松下村塾の出身者たちが次々と激発し、多くはその時点で愚挙といわれたいくつかの場面に壮烈な死にざまを見せたのも、松陰が身をもって彼らに教えた「狂」の噴出であったのかもしれない。

松陰は、安政六年十月二十七日、安政の大獄最後の犠牲者として処刑されるのだが、その直前門下生にあてて書いた遺書は微塵《みじん》も「狂」を感じさせない静かな心境がのべられている。すべてをなし終えたあとの穏やかな顔を取り戻した教育者の像が浮かび上がる松陰のその遺書は『留魂録《りゅうこんろく》』と題されている。教えるのでなく訴える調子で、しかし諄々《じゅんじゅん》と教え諭すその筆致には、死の直前まで教師であろうとする松陰の凄まじいほどの使命感があふれている。

『留魂録』の執筆にかかったのは十月二十五日で、翌日の夕刻に書き終わった。薄葉半紙を四つ折りにしたもので、縦十二センチ、横十七センチの大きさ、十九面に細書きした約五千字の和漢混淆文《こんこうぶん》でつづられたこの遺書は、いかにも不自由な獄中で書かれたという感じをただよわせている。

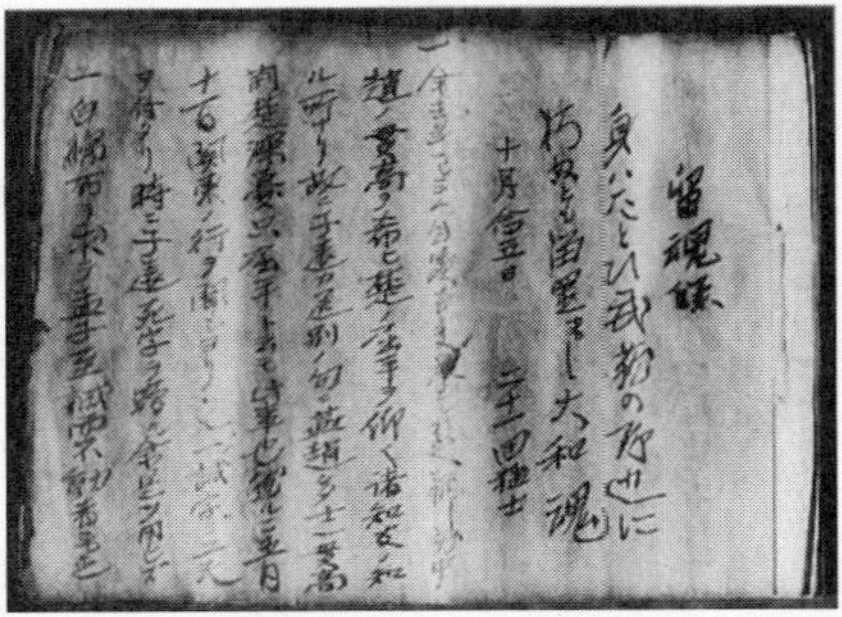

『留魂録』（松陰神社蔵）

松陰はこれを書くにあたって、まったく同文のものを二通つくった。確実に門下生の手に届けるための配慮で、一通は牢番に賄賂《わいろ》を渡して江戸藩邸にいる飯田《いいだ》正伯《しょうはく》に送る手続きをとり、あと一通は牢名主の沼崎吉《ぬまざききち》五郎《ごろう》に託した。飯田が受け取ったものは、門下生が回覧し、書写されて松下村塾出身者全員の目に触れることに成功したが原本は失われた。現在萩の松陰神社資料館に展示してあるのは沼崎吉五郎が伝えたものである。

『留魂録』の冒頭には、その標題と和歌一首が、やや大きめの字でしたためられている。

身はたとひ武蔵の野辺に朽ぬとも留置《とどめおか》まし大和魂

十月念五日　　　　　　　　　　二十一回猛士

二十一回猛士というのは、杉と吉田の漢字を分解して「二十一回」と読み、死ぬまでに全力をあげて二十一回の行動を起こすと自分に誓ったもので、好んでこの号を使った。

全文は十六章に分けられている。第一章は「至誠にして動かざるものはないという信念で事にあたってきたが、失敗したのは自分の徳がいたらなかったせいで、だれを恨むこともない」と書き出されている。以下、評定所での取り調べの情況や伝馬町の牢につながれている大獄連座者の様子や、牢内で知り得た同志の動き、連絡の方法など詳細に書きこんでいる。

中で最も印象的なのは、穀物の収穫にたとえた死生観を語る第八章だ。「今日死を決するの安心は四時（四季）の順環（循環）に於て得る所あり」で始まるこの章にいたって、松陰の筆は冴えわたり、『留魂録』の白眉《はくび》をなす部分である。全文を口語訳してみよう。

今日、死を覚悟した私の平安な心は、春夏秋冬を循環する穀物の四季を考えることによって到達し得たものである。農事を見るに、春に種をまき、夏に苗を植え、秋にそれを取り入れ、冬には収穫した穀物を貯蔵する。秋冬に至れば人は汗を流して働いた成果をよろこび、酒をつくり、甘酒をつくって、村中に歓声が充ちあふれるのだ。収穫期になって、その年の労働が終わったのを悲しむ人がいたことを、かつて聞いたことがない。

私はことし三十歳になった。まだ一事の成功を見ることもなく死を迎えようとしている。これは穀物がまだ花をつけず、実らないのに似て、悔しいかぎりだ。しかし私の身について言うなら、今が開花結実のときなのである。何を悲しむことがあろう。なぜなら人の寿命というものは定まっていないからである。必ず四季をめぐっていとなまれるような農事とは違うのだ。

しかしながら人間にもそれにふさわしい春夏秋冬があると言えるだろう。十歳にして死ぬ者には、その十歳の中におのずから四季がある。二十歳にはおのずから二十歳の四季が、三十歳にはおのずから三十歳の四季が、五十、百歳にもおのずからの四季がある。十歳をもって短いというのは、夏蟬を長生の霊木にしようと願うことだ。百歳をもって長いというのは、霊椿を蟬にしようとするようなことで、いずれも天寿に達することにはならない。

私は三十歳、四季はすでに備わっており、花を咲かせ、実をつけているはずである。それが単なるモミガラなのか、成熟した粟の実であるのかは私の知るところではない。もし同志の諸君の中に、私のささやかな真心を憐れみ、それを受け継いでやろうという人がいるなら、それはまかれた種子が絶えずに、穀物が年々実っていくのと同じで、収穫のあった年に恥じないことになろう。同志よ、このことをよく考えてほしい。

この『留魂録』は、無事、門下生の手にわたった。ひそかに回覧され、写本になって広がって行き、師の遺志を継ごうとする彼らのバイブルともなったのである。火花が散るように触れ合った師弟にとって、一年という勉学期間が短かすぎるということはなかった。松下村塾での指導の成果はそこで授けられた知識の量ではなく、悲痛な訣別のあと松陰門下がたどった行動の軌跡によって如実に示された。

九十人前後と推定される塾生のうち、主要な門下は三十人だが、安政五年の春から暮れにかけて在籍した主な塾生の氏名・年齢（数え年）を一覧すると次のようになる。◎印は自刃、闘死、獄死、刑死、戦死などをとげた人々である。

中谷正亮（三一）
◎佐世八十郎（前原一誠、二五）
斎藤栄蔵（境二郎、二三）
高杉晋作（二〇）

岡部富太郎（一九）
岡部繁之助（一七）
◎有吉熊次郎（一七）
尾寺新之丞（三二）
◎玉木彦介（一八）
冷泉雅二郎（天野御民、一八）
飯田吉次郎（俊徳、一二）
久保清太郎（断三、二七）
◎大谷茂樹（三一）
◎時山直八（二一）
増野徳民（一八）
◎飯田正伯（三四）
◎久坂玄瑞（義助、一九）
◎吉田栄太郎（稔麿、一八）
◎松浦亀太郎（松洞、二二）
◎駒井政五郎（一八）
野村和作（靖、一七）

◎杉山松介（二一）
◎作間忠三郎（寺島忠三郎、一六）
天野清三郎（渡辺蒿蔵、一六）
◎入江杉蔵（九一、二二）
山田市之允（顕義、一五）
山県小輔（有朋、二一）
品川弥二郎（一六）
伊藤利助（博文、一八）
小野為八（四〇）

これらは松陰の述作や諸記録に比較的よくあらわれてくる人物を例示したのだが、これで推定すると松下村塾生の身分別構成は士分と下積みの階層に属していた人たちがほぼ半々に分けあっていること、年齢別には十代が半数を占めていることなどがわかる。

しかもこの人々のうち、明治まで生き残って余生をまっとうしたのは半数にしかすぎず、松下村塾の四天王といわれた久坂・高杉・吉田・入江をはじめ、多くが行動なかばに斃《たお》れているというのも衝撃的な事実である。それは指導者の強烈かつ優れた感化力によって、めざましい成果を生む英才教育の可能性をも同時に立証しているといえるだろう。

第六章　塾生架空座談会「村塾のころ」

塾生たちの目に映った松陰の姿、松下村塾での学習風景などは、『吉田松陰全集』の雑纂・補遺、『日本及日本人』第四九五号臨時増刊・吉田松陰号（明治四十一年）、大庭三郎著『吉田松陰百話』（大正三年）その他に収録された談話速記録や寄稿で断片的に語られている。それらは一部分本文中にも引用しているが、収録できなかった談話類も多く、それらは資料としても捨てがたいので、事項別に抜き出し、座談会形式でまとめてみた。

〔出席者〕横山幾太（重五郎）、天野御民（冷泉雅二郎）、渡辺蒿蔵（天野清三郎）、品川弥二郎、野村靖（和作）

松陰の風貌

――まず松陰先生の風貌などについて。

渡辺　背丈は高くなかった。痩せて顔色が白っぽいのは、先生が幽囚の身であり外に出られることがすくなかったからであろう。顔には天然痘の痕があった。

吉田松陰の写真と伝えられるが、門下の渡辺嵩蔵は否定している

横山　私はまだ子供であったが、松陰先生が江戸から護送されて萩に帰って来られた日、大人たちにまじってその様子を見に行ったことがある。ペリーの軍艦で密航しようとして失敗された事件は大評判で、女子供まで吉田寅次郎の名前を知っていたのだ。ちょうど唐樋《からひ》町の札場の前を網かけの駕籠が数人の警護に取り囲まれて通るところだったが、姿は見えなかった。

――松陰先生の写真といわれるものが、ここにあります。書籍に載ったりすることもありますが。鑑定して下さい。

渡辺　全然、別人である。松陰先生は写真には写っておられない。しかもそんな凶悪な顔ではなかった。先生が怒ったのを見たことがない。塾生を説諭されるときは、文書でされることが多かった。私なども書いてもらったことがある。人に親切で、だれにでもあっさりとして、丁寧な言葉づかいの人であった。

天野　松陰先生は厳冬のころでも、襦袢《じゅばん》・羽織のほかを着られることはなかった。夏も裸にはなられなかった。何か事ある日に備えて、寒暑に身を慣らしておくためだと言われていた。

渡辺　先生は粗食で、ほとんど一汁一菜だった。

天野　先生は若いころ外出するとき、たくさんの本を懐に入れられていたので、着物の背筋が左にかたよっていたという。また平素、身なりを構わず、紙捻《こより》で髪を束ねられ、ほとんど櫛を入れられたことがなかった。

渡辺　先生の講説は、あまり流暢ではなく、常に脇差を手より離さず、それを膝に横たえて端座し、両手で脇差の両端を押さえ、肩をそびやかして話された。自分の読書・作文などはすべて塾でせられ、飲食起臥も塾であった。

天野　先生は徹夜で読書されることはなかったが、経書や歴史の会読のときは夜を徹し鶏鳴のころに達することがしばしばだった。睡眠の時間がきわめて少なく、塾生に講義されているとき、覚えず眠られることがあり、しばし机に伏して一睡し、たちまち醒めて、また講義をつづけられた。

横山　先生はいつも至誠にして動かざる者未だあらざるなりという孟子の教えを心にとどめておられた。だからみずからを反省し、凡庸な者と語るときも、必ず彼の言いたいことをまず言わせるという態度だった。教えるにもみだりに大声を出して相手を叱ることはないが、授読の声は凜々として耳に徹し、その要領を示されたのでわれわれ初学者もよく理解できた。

——松下村塾の規則というものが遺っていますが、それは村塾の壁に貼り出してあったのでしょうか。

渡辺　村塾の規則など見たことはない。おそらく久保塾時代のものであろう。内容からいってもいかにも寺子屋風である。塾内の礼儀作法というようなことは、特別にはなかった。登塾・退塾のとき、ちょっと先生にお辞儀する程度だった。日課は決まったものがなく、登塾すれば順番を待って、読んでもらい教えてもらうようなことが多い。教科書もみな別で、自分は『明史《みんし》』や『東坡策《とうばさく》』などを教わった。同じものをやる者が多ければ、一緒に講義を聴いた。よく「立志」ということを言われた。山田市之允などは『立志』と題する詩を書いてもらっている。

天野　先生は酒を飲まず、喫煙もされなかった。村塾に来る者の多くは煙草を喫い、不良少年の音三郎らもぷかぷかやっていた。そのことは先生の『煙管を折るの記』にくわしい。いらい村塾で煙草を喫う者はいなくなった。

——寄宿生はどんな生活でしたか。塾舎増築のときは松陰先生も一緒に作業されたのですね。

天野　村塾に寄宿するといっても狭い塾舎だから、多いときでもせいぜい四、五人だ。交替で飯を炊き、調理をした。材料や薪炭などは、自分で町に買いに出た。

品川　松陰先生の「相労役論」で、松下村塾では米をついたり、畑の草取りなどよくやったものだった。増築のときも、先生はわれわれと一緒に働かれた。私は壁塗りをやったのだが、誤って松陰先生の顔に泥を落としてしまった。ぎょっとしたが、先生は一向に平気なもので叱りもされなかったので胸をなでおろした。忘れられない思い出である。

学習風景

——松下村塾での学習風景はどのようでしたか。

野村　先生はあの本を読めこの本を読めと塾生のだれにも勧められた。あるとき、先生が『康済録《こうさいろく》』という本を読めと言われる。目をとおしてみると、これが実に面白くないので、投げ出してしまった。これが先生にわかり、ずいぶんしぼられたものだ。

品川　先生が癇癪《かんしゃく》を起こされたそうだよ。野村がこれがわからんようでは困ると言われたそうだ。それで私は『康済録』とはどんな本だろうと、読んでみると、なるほど面白くない。

野村　私はついに読まされたのだよ。あれは原名を『救饑譜《きゅうきふ》』という。清の太宗が諸臣に命じて編纂させ、広く頒布したものだ。実は私が神奈川県の知事をやっているとき、県内で蟹の害がひろがり、作物が荒らされ農民たちが困っている。そのとき『康済録』のことを思い出し、部下に命じてそれを取り寄せた。今になって役に立つとは思いもしなかった。経済が大事だとは、よく言われていたな。あれが先生の実学なのであろう。

天野　私が入塾したのは十七歳のときである。覚えているのは、まず先生の経書の講義は、もっぱら文法から入られたということである。意義の解釈を先にすると、誤謬《ごびゅう》を犯すことになると言われていた。無点本を読むようにしなければいけない。初めは難しいが、力をつけるにはこれが一番だと言われていた。また先生は「書を読んで自分が感じたことは、抄録しておけ。それを読み返していると以前の愚に気づく。それは知識が上達したしるしである。また抄録は詩文をつくるさい、古事類例比喩を索引するのに便利である」と、よく塾生を諭されていた。先生は小説のたぐいにも、時に目を通されていた。あるとき為永春水《ためながしゅんすい》のいろは文庫を読んで、その評をくだされたことがあった。曰く「狂訓の狂（春水は狂訓亭と号していた）どうしてこのようなものが教訓となろうか」と。

渡辺　教科書は先生が選ぶ。塾にあったものを貸してもらった。先生が一度読んで、塾生が読む。読めぬときは、また先生に読んでもらうといった授業もあった。いつも抄録をやれと言われた。

天野「書を読む者は、その精力のなかばを筆記に費やすべし」と言われていた。詩文稿のほか抄録したものが数十冊にのぼっていた。筆のあたる部分にタコができていた。私は塾生の中で最も記憶力が乏しかったので、そのことを言い「今日読んだ書も明日はわすれてしまっている。どうしたらよいでしょうか」と尋ねたことがある。先生は「それは至ってよきことである。およそ読書は一時に通暁《つうぎよう》し記憶することを望んではいけない。たとえば初め

『十八史略』、次には『綱鑑（綱鑑易知録《こうかんいちろく》）』、またその次には『通鑑（資治通鑑）』と、おおいに繰り返し読んでいるうちに自然意義も解け、徐々に事実も暗記するようになる。記憶力の強い者は却《かえ》ってそれに恃《たの》んで、復習を怠り、ついに記憶力の薄い者にも劣るようになる。これは学問だけでなく、諸事に通ずることで、決して急いではならない」と教えられた。

渡辺　『東坡策』を写すとき、先生が来て写本はこうするものだと一枚書いてもらったことがある。墨汁は度々《たびたび》つけるものではない、半紙の半面くらいは一筆で書けと言われたのを覚えている。

天野　先生は詩・文稿・抄録などを、半紙に藍色の縦横罫紙に書かれた。この板は僧月性から贈られたもので、この罫紙を刷るのは塾生の仕事だった。塾生もこれを使って自分の罫紙を作らせてもらった。

——松下村塾の歴史教育は独特のものだったと聞いていますが。

品川　私がシナの歴史を学ぶときにも、先生がいかに地理に重きをおかれたかを知った。私は蜀の地誌に詳しかったが、そのころ先生はシナの地誌についての不審があれば弥二に聞いてみよと言われたものだ。ま

裏面に「松下村塾用」と墨書した四百字詰原稿用紙・罫紙の版木（松下村塾蔵）

あれだけ地理のことでは先生にしごかれたということだ。日本の歴史も同様で、地誌の詮議はやかましかった。算術も大切だと言われ、四二天作の五といった『九数乗除図』が村塾の壁に貼ってあり、それを覚えさせられた。

天野　歴史を講じられるときは、常に地図と照合し、古今の沿革、彼我の遠近をつまびらかにされた。

横山　『日本外史』の講義を受けたとき、先生曰く「外史は平氏から始まっているが、長州人としては毛利氏から始めるのがよかろう」と言われる。身近な関心のもてるものから入って、それから全体を深めて行く。そういう指導法だった。しかも必ず地図を用意されている。人の動きを地図でたしかめながら説明し、われわれにも意見を述べさせるということで、なかなか先に進まない。毎朝、わずか十枚を読み終わるのみだったが、他の先生に学び百枚も素読したよりも得るところが多かったと思う。私の今日あるは、先生授読の賜物と言うも過言ではない。

天野　先生は塾生に書を講ずるにあたり、忠臣・孝子が身を殺し節に殉ずるなどのことに至ると、目に涙をため、声を震わせ、甚だしいときは熱涙が本にしたたるほどであった。つられて塾生も感涙にむせぶということがよくあった。また逆臣が君公を苦しませるような話になると、まなじり裂け、大声を発して、怒髪《どはつ》天を衝《つ》くというありさまであった。また先生は弘法大師《こうぼうだいし》・日蓮《にちれん》上人を尊敬しておられたが、こうも言われた。「彼らの奉ずる仏法を必ずしも善とするのではない。ただその信ずる法を広めんがために、いかなる艱難をもいとわず、生死をかえりみなかった。その勇胆剛毅は尋常な人の及ぶところではない。これをもってよく一宗をひらき、永く後人の尊崇するところとなった。すべて一業を成さんと欲する者は、この勇奮果敢がなくてはならぬ」と。

品川　先生は歴史を読むときには、自分がその境遇、その位置にあるものと思って読まねば、決して心を鍛えることはできないと説かれた。歴史を読むには、みずから歴史中の人物になるべし。楠氏を読むときは正成《まさしげ》の心を以てし、かかるときいかに処すべきか、おのれの身をそこにおいて考えることが大事と言われていた。ある日、いつもより早めに塾に行ってみると、読書の声がする。はて、だれが来ているのであろうと中に入ると、十二、三の子供が先生の前で、『国史略《こくしりやく》』を聞いているのであった。先生は一人で読書することがめったにない。いつもだれかを相手に読まれた。このときも私に一緒に聞けと言われるので同席したが、そんな子供に教えられるときでも、声涙倶《とも》に下るといった話し方であり、しかも一言一句おろそかにしない講義であった。先生は塾生が読書や抄録をしていると、「ちょっと貸せ、書いてやろう」と、評や注意やらを書いてくれ、気軽に指導された。

渡辺　私が先生の書かれた『東坡策』を書写して、自分なりの意見を書き、批評を乞うたのは、先生が投獄される前のことだった。それに懇切な朱を入れたものを、野山獄に送られるとき駕籠に乗る寸前、懐から出して返してもらった。あすは下獄という前夜、時間を割いて添削して下さったのだ。そのように誠実な人であった。

村塾の人々

――村塾で印象にのこった人物といえば、やはり高杉・久坂ですか。

横山　双璧には違いない。久坂は君子の趣きがあった。文才あり、またその声は明晰にして鐘のようだった。入塾するやたちまち先生は彼に大きな期待を寄せられたのだが、それは高杉も同様であった。

渡辺　久坂と高杉は、久坂にはだれもついて行きたいが、高杉はどうにもならんと皆が言うほどの違いがあった。私らにとって高杉は恐ろしい人だった。乱暴で人望がなく、久坂には人望があった。

横山　中谷正亮は年齢からしてもすでに先輩だから、塾生は同輩視しなかった。前原一誠も塾生の中では年長組だった。私が村塾に入ったころ、時々、重厚な感じの人物があらわれる。来ると十日も二十日も滞在して、帰れば久しく顔を出さない。これが佐世八十郎と名乗っていた彼である。当時、船木に住んでいた。頼山陽の『日本政記《にほんせいき》』を講義してもらっていたようだ。

渡辺　佐世八十郎は、村塾に来てもあまり読書しなかった。父親の彦七も時々塾にやってきていたようだ。彦七は剛毅な人で松陰先生とも親しかった。八十郎らが、松陰先生投獄のときその罪名を糺《ただ》すと騒いだとき、彦七は「周布・井上の首を取ってくるかと思っていたが、それもせずに空しく帰ってきたのか」と言ったという。吉田稔麿は押し出しも堂々として、賢い人だった。

横山　私は十七のとき、初めて松下村塾を訪ねたのだが、そのときはそこで学ぶつもりはなく、噂に聞いていた吉田という先生の顔を、とにかく一目見てやろうというくらいの気持ちだった。行ってみるといかにも醜怪な感じの人物が出てきて、それが実に横柄な態度だ。松陰先生とはこんな人かとあきれていると、天野が「あれは富永有隣だ」と教えてくれた。翌日になってご本人に会ったのだが、その言語容貌果たしてやはり思った通りの松陰先生であった。言葉は丁寧で、「御勉強されられい」と言われた。かくの如き先生の薫陶を受ければ、出来の悪い自分でも少しは役に立つ人間になれるかもしれないと、欣喜雀躍して家に帰り、以後、村塾に通いはじめたというわけだ。

渡辺　富永有隣は出獄後、村塾に寄宿していた。大きな男で、隻眼《せきがん》だった。初めて塾に来た者は、よく先生と誤認して戸惑ったものだ。

天野　玉木文之進は、時々村塾に来られたが、松陰先生が西洋銃陣を教えられることには不賛成だった。この人は徹底的に西洋嫌いだった。怖い人で、近所の者は「泣きやまぬと、玉木先生がくるぞ」と、子供を脅したものだ。

渡辺　私は十五歳のとき、有吉熊次郎に誘われて川島の宅から村塾に通った。当時は松陰先生の評判がよく、だれもかれも村塾に押しかける、いわば流行のような空気があった。また村塾に行けば、何か仕事にありつけると思った者もいたようだ。それはどういうことかと言うと、松陰先生が益田家老への手紙の末尾に「村塾にはこういう秀才がいるので、藩の役につかせてやって欲しい」といったことを付け加えられていた。吉田栄太郎などは、その推薦で役についたと言われている。まあそんなことをアテにして村塾に入った者もいるのだが、これは長続きしない。

——松陰先生の伝記についてはどう思われますか。最初の松陰伝は、明治二十四年に野口《のぐち》勝一《かついち》・富岡政信《とみおかまさのぶ》共著の『吉田松陰伝』が出ております。それから明治二十六年には徳富蘇峰の『吉田松陰』が出て、また一八七九年（明治十二）には、ロバート・スティーヴンスンが松陰門下の正木退蔵からの聞き書きとして、『吉田寅次郎』をロンドンの文芸雑誌に発表しています。

実は大正五年に出た『日本及日本人』に、久保幾次郎翁《くぼいくじろう》（久保清太郎の子）がこんなことを書いています。

「何時《いつ》のことであつたか、確かには記憶せぬが、ある時、松陰先生の門下生が集まつた席上で、先生に親炙《しんしゃ》した我々が生存して居る間に、是非事実を誤まらぬ松陰先生の伝記を書きたいものである。それには誰を選んだらよからうかと云ふ議が持ち上つた。その時、東行先生（高杉晋作）は、笑ひながら『今の世の中に松陰先生の伝記を書く様な人物はありはしない。しかし強《しい》て先生の伝記が書きたければ、酢屋三平《すやさんぺい》の伝記でも書いて置いたらよからう』と罵つたと云ふ話がある。松陰先生の伝記を書く様な人物は将来到底あるまいと云つたのである。この話は有名な話で、今に長州人の一口話に残つて居る。……英雄を伝するものは英雄、豪傑を記するものは豪傑を得て、初めてその真価が発揮せられるであらう」

しかし、その高杉晋作も安政六年十二月に『松陰先生年譜草稿・門人高杉晋作 源《みなもとのはるかぜ》 春風著』と表紙書きしたものを遺していますが、「先生歳十八」というところで止めています。当時はまだ多忙というわけでもなかったのですが、どうして後が続かなかったのでしょう。

野村　伝記など作らなくてもよいのだ。松陰の精神面目を人に知らせようなど不可能だよ。かつて文章家の土屋蕭海《つちやしょうかい》が、松陰先生の伝記を書くと言って、だいぶ書いていたのを、高杉晋作が「こんなものを先生の伝記にできるか」と引き裂いたという話がある。維新後に長三洲《ちょうさんしゅう》がやりかけたが、手に負えないとやめてしまったということも聞いている。松陰先生はまずその身を修めるに、『士規七則《しきしちそく》』を作り、これを躬行された。また『七生説《しちせいせつ》』を作って精神の工夫を凝されたのである。だから松下村塾の塾生は、みなこの二書を経典として所持していた。私は今も座右から離したことがない。先生の伝記よりもこの『士規七則』と『七生説』を広く世に出したほうがよほど意義がある。

――『士規七則』を覚えていますか。

野村　もちろんだ。私が今なお愛誦してやまないのは次のくだりである。

一、士の道は義より大なるはなし。義は勇によりて行はれ、勇は義によりて長ず。
一、士の行は質実欺かざるを以て要となし、巧詐過《あやまち》を文《かざ》るを以て恥となす。光明正大、皆是れより出づ。
一、人古今に通ぜず、聖賢を師とせずんば、則ち鄙夫《ひふ》のみ。読書尚友は君子の事なり。
一、徳を成し材を達するには、師恩友益多きに居り。故に君子は交游を慎む。
一、死して後已《や》む（死而後已）の四字は言簡にして義広し。堅忍果決、確乎《かっこ》として抜くべからざるものは、是れを舎《お》きて術《すべ》なきなり。

天野　「曰く。『志を立てて以て万事の源となす。交を択《えら》びて以て仁義の行を輔《たす》く。書を読みて以て聖賢の訓《おしえ》を稽《かんが》ふ』と。士苟《まこと》にここに得ることあらば、亦以て成人とすべし」。これが『士規七則』の結言であった。ところで私が松陰先生に従学したのは、わずか一年ばかりである。今や年経て村塾のことなども多くは忘れてしまった。世人も知らないだろう。よって天下後世に伝えたいと思い、記憶をたぐり出して『松下村塾零話』を書いたのだが、私の文辞の拙《つた》なさもあって、ただ思い出すことを脈絡なくつらねただけのものとなった。松陰先生のことを詳しく調べ、伝記を書いてくれる人がいるなら、それも大いに結構と言うべきである。

松下村塾関係人名録（☆印は塾生）

赤川淡水《あかがわあわみ》（佐久間佐兵衛《さくまさへえ》）

藩士。通称直次郎《なおじろう》。明倫館《めいりんかん》に学び、松陰の兵学門下となる。水戸に遊学、帰国後に明倫館舎長、助教をつとめた。松陰と親交があり、しばしば松下村塾を訪れ兄事した。江戸在勤のとき帰ってきて、井伊直弼《いいなおすけ》暗殺の動きがあることを松陰に告げたのは赤川である。しかし越前・薩摩両藩が計画し、尾張・水戸も同意しているという不正確な情報だった。松陰の間部詮勝《まなべあきかつ》暗殺計画は、ここから始まっている。松陰死後、赤川は急進派として活動、元治元年十一月、俗論派のため野山獄《のやまごく》で斬首。三十二歳。

☆天野清三郎《あまのせいざぶろう》（渡辺蒿蔵《わたなべこうぞう》）

藩士。安政四年冬、十五歳で入塾。「天野は奇識あり。人を視ること虫の如く、その言語往々吾れをして驚服せしむ。一世の高人物」と松陰から評された。松陰没後は藩の海軍所に入り、また高杉の奇兵隊《きへいたい》創立に奔走した。慶応三年、英国に留学して造船術を修め、明治七年、帰国。工部省に入り、のち長崎造船所を創立した。昭和十四年、郷里萩で没、九十七歳。松下村塾生で最も長命をたもった。大正五年、七十四歳のとき、安藤紀一《あんどうきいち》の聞き取りで「渡辺蒿蔵談話」を残した。

☆有吉熊次郎《ありよしくまじろう》

藩士。明倫館を経て安政五年春、十七歳で入塾、「有吉、質直にして気あり。而《しこう》して本《もと》読書を以て業を建てんと欲す。今乃ち慨然相従ふ」「満家俗論にして、おそらくは自ら持する能《あた》はざらん。然れどもその正直慷慨未だ必ずしも磨滅せざれば則ち亦時《また》ありて発せんのみ」と松陰は評した。松陰の死後、ふたたび明倫館に学び、文久元年、高杉晋作と共に御番手として江戸詰めとなる。翌年、高杉らのイギリス公使館焼き打ちに参加。元治元年の禁門の変で自刃。二十三歳。

☆飯田《いいだ》吉次郎《きちじろう》（飯田俊徳《としのり》）

藩士。安政四年、松陰の兵学門下になったと伝えられるが、塾生とみてよい。「書を読むこと河のごとし、三国志を課す」と松陰は評している。慶応元年、奇兵隊に入った。同三年、藩命でオランダ留学。帰国後、工部省に勤め鉄道建設に活躍、鉄道庁第一部長を最後に退職、大正十二年没、七十七歳。

☆飯田正伯《いいだしょうはく》

医師。安政五年、三十四歳で入塾。翌年、松陰が江戸の獄にあるとき、尾寺新之丞・高杉晋作らと金品の差入れなどに奔走、松陰の刑死後、高杉らと共に遺骸引き取り埋葬などで尽力した。志士として活動、万延元年七月、浦賀の富豪を襲い軍用金を調達しようとして捕らえられ、文久二年に獄死。三十八歳。

☆市之進《いちのしん》

安政四年八月に入塾した萩の無頼少年三人のうちの一人。翌年の松陰再入獄後まで在塾したがその後の足跡不明。

☆伊藤伝之輔《いとうでんのすけ》

中間《ちゅうげん》。塾生という確証がないとされているが、安政五年六月ごろから村塾には出入りしており、七月には伊藤利助らと共に京都探索の六人の一人として松陰の推薦を受けているし、また松陰の大原三位西下策に関わって投獄されているので、塾生とみてよい。万延元年閏《うるう》三月まで在獄し、釈放後は志士として京都方面で活動した。以後の経歴不詳。

☆伊藤利助《いとうりすけ》（伊藤博文《ひろぶみ》）

中間。安政四年九月、十七歳で入塾。松陰は「利助亦進む。中々周旋家になりさうな」とその政治家的な資質を見抜いた。俊輔と改名、明治になって博文、号春畝《しゅんぽ》。松陰刑死のとき、桂小五郎・尾寺新之丞らと遺骸を回向院に葬った。文久二年十二月、高杉らのイギリス公使館焼き打ちに参加。翌年、「松陰に従学し尊攘の正義を弁知し心得よろしき」を以て士分に列した。同年、井上聞多《もんた》（馨《かおる》）らとロンドン留学。翌年三月、英仏蘭米連合艦隊の馬関《ばかん》襲撃を知って井上と帰国、攘夷の不可を説いたが開戦となる。講和談判におもむく高杉晋作に従って通訳をつとめた。講和成立後は長州と英国の友好に尽力した。高杉による藩内クーデターには、力士隊総督として参加した。明治に入り徴士・参与として新政府に出仕、以後、昇進して工部卿となり、四年、岩倉使節団副使として欧米を回覧、六年十月には参議に進む。十八年十二月、内閣制度創設により初代内閣総理大臣となった。四十二年十月、満州視察と日露関係調整のため渡満しハルビン駅頭で韓国人安重根《アンジュングン》に暗殺された。六十九歳。

☆入江杉蔵《いりえすぎぞう》（入江九一《くいち》）

足軽。安政五年七月、二十二歳のとき入塾。同年冬、松陰の間部詮勝暗殺計画血盟者の一人となる。松陰投獄の非を鳴らして他の七人と共に家囚の罰を受ける。この当時、松陰が最も信頼した人物で、獄中にある松陰から伏見要駕策をさずけられて画策、弟の野村和作と共に投獄された。松陰刑死後も在獄し、万延元年閏三月に釈放された。文久三年夏の下関海峡における攘夷戦では馬関総奉行所に列座して活躍、元治元年七月の禁門の変で自刃した。二十八歳。

☆大谷茂樹《おおたにしげき》

陪臣。須佐《すさ》育英館《いくえいかん》小国剛蔵の門下で、安政五年四月、松下村塾で学んだ。主筋の家老益田弾正が禁門の変の責任を問われて切腹したとき、策動の罪をもって蟄居《ちっきょ》させられた。慶応元年に脱走し、志士を糾合して回天軍《かいてんぐん》を結成、総督となったが恭順派に捕らえられ切腹。二十八歳。

☆岡部繁之助《おかべしげのすけ》

藩士。岡部富太郎の弟で、正式に入塾しなかったが、十五歳の安政三年八月、松陰の兵学門下となり、たびたび松下村塾に松陰を訪ねているので塾生とみてよい。松陰は「この人吾れ曾《かつ》て友弟を以てこれを目す。清太（久保清太郎）も亦以て然りとなす。愛すべきなり」と言っている。元治元年、世子の近侍となる。京都に亡命した高杉晋作をつれもどしたのは彼である。慶応三年、藩士で組織された干城隊《かんじょうたい》世話役として活躍、維新後は造船大属《だいさかん》などつとめた。大正八年に没した。七十八歳。

☆岡部富太郎《おかべとみたろう》

藩士。松陰の友、来原良蔵の甥。安政四年、十八歳のとき入塾。松陰の評は「鋭邁俊爽なり。然れども吾れ常にその退転することを惧《おそ》る。吾れその気鋭なるを愛す」だった。翌年、松陰投獄のときその非をとなえて罰せられた一人。干城隊の前身大組隊《おおぐみたい》副長参謀として、慶応二年の第二次長州征伐の幕軍と戦う。明治元年、干城隊中隊司令官となり北越に転戦。明治七年の佐賀の乱では武力によらない鎮圧を主張して投獄された。のち許されて山口・大阪・兵庫県などに在官。明治二十八年没。五十六歳。

☆荻野時行《おぎのときゆき》（佐々木貞介《ささきていすけ》）

藩士。須佐育英館の小国剛蔵門下。安政五年の一時期、松下村塾に入塾、育英館との交流に尽力した。佐々木家の養子となり、禁門の変に従軍。家老益田家の家臣だったが、士分となり明倫館教授となる。明治十八年没。五十一歳。

小国剛蔵《おぐにごうぞう》

藩士。もと益田家の家臣。江戸遊学後に帰国、士分に取り立てられ、郷校育英館の学頭となる。松下村塾と交流、また松陰としばしば書簡を往復した。家老益田弾正が禁門の変出兵の責任をとらされ切腹のため徳山に幽閉されたので、身柄を奪取しようと奔走、蟄居を命じられる。慶応元年、憂悶のうちに病死。四十二歳。

小田村伊之助《おだむらいのすけ》（楫取素彦《かとりもとひこ》）

藩士。明倫館に学び、司典助役兼助講となる。のち江戸遊学、佐藤一斎《さとういっさい》らに師事。嘉永四年のそのころ江戸で松陰と親交をむすび、同六年、松陰の妹寿《ひさ》と結婚。安政四年、明倫館都講《とこう》兼助教となるが、松陰の松下村塾を助け、塾生らと交わった。松陰没後は塾生指導にあたった。明治十四年に妻寿が病死、のち禁門の変で自刃した久坂玄瑞の妻文《ふみ》と再婚した。楫取素彦と改名、元老院議官・宮中顧問官など歴任、大正元年没。八十四歳。

☆尾寺新之丞《おでらしんのじょう》

藩士。安政四年に入塾したときは三十一歳だった。「尾寺は毅然たる武士にして、亦能《よ》く書を読む。然れども肯《あ》へて記誦詞章の学を為さず。性朴魯《せいぼくろ》の如くして、而も遠きを慮り気振ふ」と松陰から評された。翌年、江戸に遊学。六年、松陰の江戸召喚のときは獄中の師のために奔走した。刑死した松陰の遺骸を埋葬した一人。慶応元年、奇兵隊士となる。維新後は伊勢神宮大宮司として奉仕、のち内務省に転じた。明治三十四年没。七十五歳。

☆音三郎《おとざぶろう》

安政四年、十七歳で入塾。吉田栄太郎がつれてきた、無頼少年三人の一人。翌年十二月、松陰が投獄されたとき、門下生たちと送る途中に姿を消したあとの消息不明。

☆小野《おの》為八《ためはち》

医師。天保十五年、松陰の兵学門下となり、安政五年に入塾したときは四十歳だから塾生の中では最年長。自筆履歴書によれば間部詮勝暗殺計画に加盟。松陰死後は奇兵隊・整武《せいぶ》隊《たい》士として戦う。万延元年ごろ、写真術を習得、萩城の天守閣などはこの人が撮影したと伝えられる。維新後、山口県庁に勤め、のち神道黒住教《くろずみきょう》の教導職となる。明治四十年没。八十九歳。

桂小五郎《かつらこごろう》（木戸《きど》孝允《たかよし》）

藩士。明倫館に学び、嘉永二年、十七歳のとき松陰の兵学門下となる。江戸に出て、練兵館で剣術を修行、塾頭となり剣名を馳せた。江戸藩邸大検使を振り出しに昇進をかさねた。松陰と親交、その投獄にあたっては門下として奔走した。松下村塾と直接の関係はなかったが、松陰の死後は、いわゆる松下村塾党の指導的役割を果たした。坂本龍馬の仲介による薩長連合を成功させ、西郷隆盛・大久保利通と共に「維新の三傑」とうたわれた。参議・内閣顧問を歴任、明治十年、病死。四十五歳。

☆河北義次郎《かわきたぎじろう》

藩士。安政五年、十五歳で入塾。明治五年英国公使館御用掛となり、のち大蔵省に入る。西南の役では陸軍少佐として従軍。サンフランシスコ領事などを経て韓国弁理公使に昇進、明治二十四年、病んで漢城（現ソウル）に死す。四十八歳。

☆岸田多門《きしだたもん》

藩士。安政四年、十四歳で入塾。冷泉雅二郎・増野徳民と共に、最初の寄宿生となった。翌年十一月まで在塾したが、その後の消息は不明。

☆久坂玄瑞《くさかげんずい》（久坂義助《よしすけ》）

医師。安政三年から松陰と文通したが、入塾は翌年。四年十二月、十八歳で松陰の妹文と結婚。高杉晋作と並んで松下村塾の双璧といわれた（松陰の久坂評は六十六頁参照）。松陰の死後、高杉と共に松下村塾出身者の中核となり、また諸国の志士と交わって尊攘運動を進めた。文久三年、士分となる。元治元年七月の禁門の変で自刃。二十五歳。

口羽徳祐《くちばとくすけ》

藩士。松陰の兵学門下として師弟の礼をとっていた。禄高一千石、寺社奉行をつとめ松陰のよき相談相手でもあったが、安政六年、二十六歳で病死。

☆国司仙吉《くにしせんきち》

藩士。安政四年、十二歳で入塾。少年組の俊秀として認められた。明治四年から木更津県参事、秋田県権令《ごんのかみ》、工部権大書記など歴任した。大正四年没、七十歳。

久保《くぼ》五郎左衛門《ごろうざえもん》

藩士。松陰の外叔。松陰の養母久満《くま》は家格の関係で久保家の養女として吉田大助に嫁いだ。血のつながりはない。家督を嫡子清太郎にゆずったのち、玉木文之進のあとを受けて松下村塾主宰となる。松陰の出獄後、塾を託した。「性篤孝にして先王の道を喜び」とは松陰の養父吉田大助の五郎左衛門の評である。松陰が主宰となった第三期松下村塾に協力した。文久元年没。五十八歳。

☆久保《くぼ》清太郎《せいたろう》（久保断三《だんぞう》）

藩士。久保五郎左衛門の子。十一歳の天保十三年から玉木文之進の松下村塾で学ぶ。二十四歳で江戸遊学、安政四年に帰国して松陰主宰の松下村塾運営にあたり、松陰の命により富永有隣の出獄に尽力、松陰の大原三位西下策、間部詮勝暗殺計画にも関与した。「外愚内明、温良にして而も鉄心石腸」と松陰は彼の人柄を評した。文久二年、久坂玄瑞らと上京、長井《ながい》雅楽《うた》の公武周旋弾劾の上書に署名するなど京都・江戸を往復して尊攘運動に参加した。この年九月に帰国、松陰後の松下村塾で指導にあたり、翌年、明倫館検使役、政事堂に出仕、船木代官など歴任した。明治になってからは山口県権大参事をはじめ徳島県、三重県権令を経て九年退職、十一年、四十七歳で没。

来原良蔵《くりはらりょうぞう》

藩士。松陰の親友。嘉永四年、江戸遊学中の松陰が友人との約束を守るため脱藩して東北旅行に出かけるのに関与したとして譴責《けんせき》、翌年、帰国させられた。松下村塾を支援したが、安政五年、松陰の間部詮勝暗殺計画に怒り絶交。長崎に留学、藩の要職についたが長井雅楽の『航海遠略策』にも同調した。松下村塾党を中心とする反対運動によって長井が失脚、来原は前非を悔いて過激に走り、文久二年八月、横浜の外国人を斬るつもりで脱走したが失敗、藩世子に許されたが自決した。三十四歳。翌年、高杉らが松陰の墓のある若林（現東京都世田谷区）に遺骸を改葬した。

月性《げっしょう》

僧。周防の妙円寺《みょうえんじ》住職。安政三年、本願寺に招かれ東山《ひがしやま》別院にあって本山布教にあたっていた。『仏法護国論』『清狂吟稿《せいきょうぎんこう》』などの著書がある。「男児志を立てて郷関を出づ」の詩で知られ、郷里に清狂草堂を開いて人材を育てた。「海防僧」の異名もある。松下村塾と嚶鳴社《おうめいしゃ》との紛争を調停するなど松陰と親交のあった勤王僧。松陰及び松下村塾生が使用した二十字詰め二十行の原稿用紙の版木は月性が贈ったもの。安政五年五月、急死。毒殺説あるも不明。四十二歳。

☆溝三郎《こうざぶろう》

安政四年八月に入塾した三人の無頼少年の一人。『溝三郎の説』という松陰の訓戒文が遺っている。以後の経歴不明。

☆駒井《こまい》**政五郎**《まさごろう》

藩士。安政四年九月、十七歳で松陰の兵学門下となり、十一月入塾。元治元年に八幡隊の隊長、慶応元年には御楯隊《みたてたい》隊長となり、翌年、第二次長州征伐の幕軍と戦う。明治二年、政府軍監軍として箱館に戦い、二股金山《ふたまたかなやま》の激戦で戦死した。二十九歳。

☆斎藤栄蔵《さいとうえいぞう》（境二郎《さかいじろう》）

藩士。嘉永三年、松陰の兵学門下となる。安政三年六月ごろから詩文の添削を乞い、四年十二月ごろから翌年七月まで松下村塾で学んだ。維新後は島根県典事、同県令など歴任した。松下村塾の建物保存に尽力し、保存会を組織した。明治三十三年没。六十五歳。

☆佐々木《ささき》梅三郎《うめざぶろう》

藩士。安政二年、兄の亀之助・謙蔵と共に、松陰が杉家で講義をしたころから従学し、松下村塾の塾生となる。松陰の死後、国事に活動したが詳細不明。明治二十一年ごろ北海道に移住、八十歳ごろ没したという。

佐々木《ささき》亀之《かめの》助《すけ》

藩士。謙蔵・梅三郎の兄。家が杉家の隣だったので幼少より松陰を知っていた。嘉永元年、十四歳のとき松陰の兵学門下となる。松陰出獄後の杉家での講義を聴く。正式な塾生ではなかったが、以来安政五年、松陰が再投獄されるまで機会あるごとに教えを受けた。文久三年に義勇隊《ぎゆうたい》、元治元年に南園隊《なんえんたい》を組織して活躍、明治二十一年ごろ、北海道に移住、大正三年、八十歳で没。

☆佐々木《ささき》謙蔵《けんぞう》

藩士。安政三年、二十歳のとき入塾。小銃・剣術にすぐれ、この面では塾生の指導にあたった。文久・元治のころ国事に奔走したが、詳細、没年は不明。

☆佐世《させ》八十郎《やそろう》（前原一誠《まえばらいっせい》）

藩士。安政四年十月、二十四歳のとき入塾。松陰は「勇あり、智あり、誠実人に過ぐ」と評し、その才識は久坂・高杉ほどではないが、「その人物の完全なる、二子も亦八十に及ばざること遠し」と賞揚した。翌年十一月の間部詮勝暗殺計画に加盟、松陰投獄に抗議して罰せられた。安政六年二月、藩命により長崎遊学、帰国して藩の西洋学所に入る。文久元年、塾生が結束した「一燈銭申合《いっとうせんもうしあわせ》」に参加、このころから国事に奔走を始め、翌年、長井雅楽暗殺計画に加わるなど、久坂玄瑞らと共に長井の公武合体策（『航海遠略策』）の弾劾運動を進めた。元治元年十二月、高杉晋作の功山寺《こうざんじ》挙兵に参加して討幕の藩論確定にはたらいた。慶応二年、第二次長州征伐の幕軍と戦い、翌年、海軍頭取を命じられた。明治元年、干城隊副総督として北越に出征、のち新潟府知事の西園寺《さいおんじ》公望《きんもち》を補佐して民政の安定に尽くしたが、年貢半減などを言い出して中央政府の木戸孝允らと対立、呼びもどされて参議に任じ、横死した大村益《おおむらます》次郎《じろう》の後任として兵部大輔《ひょうぶたいふ》となったが、新政府の方針に不満を抱いて三年九月、病気を理由に辞任、萩に帰国した。九年十月、萩の不平士族に推されて蜂起した。十二月、萩の乱の首謀者として、盟友奥平謙輔《おくだいらけんすけ》らと共に斬首。四十三歳。明治二十二年、賊名を追赦され、大正五年、贈従四位。

☆品川《しながわ》弥二郎《やじろう》

足軽。安政四年、十五歳で入塾。少年中、最も松陰に属望《しょくぼう》され、「事に臨みて驚かず、少年中稀覯《きこう》の男子なり。吾れしばしば之れをこころむ」「弥治《ママ》は人物を以て勝る」と評された。松陰の間部暗殺計画に加盟、また松陰の投獄に異論をとなえて家囚を命じられた一人。松陰死後はいわゆる松下村塾党の一員として活躍、文久年間は久坂の指揮に従って志士間の連絡を受け持った。文久三年、「吉田松陰に従学し、尊攘の正義を弁知し志行嘉《よみ》すべき」を以て士分に列せられた。元治元年の禁門の変では八幡隊の隊長として入京したが敗走、帰国した。慶応三年、薩長両藩の連絡にあたった。明治三年八月、ヨーロッパに派遣され、仏・英・独に滞在して九年一月に帰国、その後、ドイツ駐在特命全権公使、宮中顧問官、内務大臣、枢密顧問官などを歴任、明治三十三年二月に没した。五十八歳。京都に大学をつくりたいという松陰の遺言によって京都尊攘堂《そんじょうどう》を建てたが、維新史料を集めた私設となり、現在は京都大学図書館の所管。

白井小助《しらいこすけ》

萩藩の陪臣（重臣浦靭負《うらゆきえ》の家臣）。文政九年、萩に生まれる。江戸に出て佐久間象山に砲術、安積艮斎《あさかごんさい》・鳥山新三郎《とりやましんざぶろう》に文学、斎藤新太郎（後の弥九郎）に剣術を学び、松陰・宮部鼎蔵《みやべていぞう》らと交わる。松陰の密航未遂で投獄のときは宮部とはかり金品を獄中に送り、謹慎を命じられる。松陰没後は高杉晋作・久坂玄瑞らと国事に奔走、イギリス公使館焼き打ちにも参加した。慶応二年、第二奇兵隊を結成し幕軍と戦った。性狷介、奇行で知られ、明治に入ってからは官途に就かず、私塾をひらき郷里の子弟に教え、不遇のうちに明治三十五年没。七十七歳。

杉梅太郎《すぎうめたろう》（杉民治《みんじ》）

藩士。松陰の兄。明倫館に学ぶ。父百合之助と共に松陰を支援し、松下村塾の経営に尽力した。慶応三年、代官職につき、治民の功績を挙げ、明治二年に藩主から民治の名を与えられた。明治四年になって山口県権典事などつとめたが、九年、退職して松下村塾を継いで子弟の教育にあたった。明治四十三年没。八十三歳。

杉タキ《すぎ》（杉瀧子《たきこ》）

吉田松陰の実母。毛利志摩の家臣村田右中の娘。藩士児玉太兵衛の養女として杉家に嫁した。良妻賢母。松下村塾運営の陰の力となる。詳細は本文参照。松陰の母として敬われながら、明治二十三年八月、流感で死去。八十四歳。

杉百合之助《すぎゆりのすけ》
藩士。松陰の実父。貧窮のうちにも二子、梅太郎と寅次郎（松陰）の教育に力をそそぎ、特に松陰の未来に期待した。密航未遂の罪で帰国した松陰を終始はげまし、第三期松下村塾の開塾を積極的に助けた。百人中間頭兼盗賊改方など歴任、松陰の再投獄により辞職、万延元年、退隠の命により梅太郎に家督をゆずった。文久三年、ふたたび出仕したが、慶応元年没。六十二歳。

☆杉山松介《すぎやままつすけ》
中間。安政五年、二十一歳のとき入塾。十一月、松陰の間部暗殺計画に加盟。松陰の死後は志士として活躍、文久二年に上京、久坂玄瑞らと奔走した。翌年、品川らと同じ理由で士分に列した。元治元年六月、京都三条の池田屋で志士らと会合中、新撰組に襲われて闘死。二十七歳。

☆高杉晋作《たかすぎしんさく》
藩士。安政四年、十九歳で入塾。家は二百石の上士で、塾生の中では最高の家格だった。吉松塾から明倫館に学んでいたが、藩校の学習にあきたらず松下村塾にきた。松陰は晋作の「頑質」を愛し、久坂玄瑞をライバルに仕向けて互いに切磋琢磨させた。「識見気魄他人及ぶなく、人の駕馭を受けざる高等の人物なり」と、その資質を高く評価した。国事犯である松陰を警戒する祖父又兵衛や父小忠太の目を逃れ、夜、家を抜け出て松下村塾に通った。安政五年、江戸遊学中に、間部詮勝暗殺計画を聞いて久坂らと共に諫止の手紙を送り、松陰を失望させた。江戸召喚で伝馬町牢に入った松陰のために奔走した。獄中の松陰から「死して不朽の見込みあらば、いつでも死ぬべし。生きて大業の見込みあらば、いつまでも生くべし」の死生観をさずけられ、以後の生き方をそれに従って維新史に不朽の名を遺した。文久三年六月、下関を襲ったフランス軍艦との交戦で長州藩兵が惨敗、さらに連合艦隊襲来の報に脅える藩主の付託に応えて身分の別を超えた新しい軍事組織としての奇兵隊を創設した。元治元年十二月、幕府に謝罪恭順する「俗論政府」を倒すべく、少数の者をひきいて長府功山寺に挙兵、討幕の藩論を確定した。慶応二年六月、第二次長州征伐の幕軍を迎えたときは、肺結核の症状が進んでいたが、陸海軍参謀として主に九州口の戦いを指揮、勝利を見届けたあと喀血して病床につき、翌年四月、二十九歳で死去。ストイックな松陰とは逆に奔放な青春をあゆんだが、松陰への恩愛の情厚く、松陰の遺志を最もよく継いだ門下生だった。詩人でもあり、約四百篇のすぐれた漢詩を遺した。

☆瀧《たき》弥《や》太《た》郎《ろう》

藩士。安政五年、十七歳のとき入塾。文久二年十一月、高杉・久坂らの攘夷血盟に加わる。翌年九月、河上《かわかみ》弥市《やいち》と共に奇兵隊総管となる。維新後、岡山地方裁判所長などをつとめた。明治三十九年没。六十五歳。

玉木《たまき》文之進《ぶんのしん》

藩士。松陰の叔父。玉木家の養子となり、天保十三年に松下村塾をひらいた。幼少の松陰もそこで学び、のち主宰を受け継ぐ。吉田大助の死後、主として松陰の訓育にあたったのは文之進である。人となり厳正、経史に通じ、詩文書礼に長じた。明倫館都講、小郡その他の代官、郡奉行などを歴任、明治二年に隠退し四年から松陰亡きあとの松下村塾を再興した。明治九年、前原一誠の乱に養子正誼《まさよし》(乃木《のぎ》希典《まれすけ》の弟）ほか子弟数人が参加したことの責任を感じて先祖の墓前で自殺。六十七歳。

☆玉木《たまき》彦介《ひこすけ》
藩士。松陰の叔父玉木文之進の子。幼少より父および松陰について学ぶ。『士規七則』は、松陰が彦介のために書いたものである。文久三年、世子定広の小姓となる。元治元年七月、世子に従って上京の途中、禁門の変を知って帰国。御楯隊に入ったが、急進派への弾圧が強まったので小郡《おごおり》の海善寺《かいぜんじ》に潜伏、高杉らの決起により内訌戦《ないこうせん》が始まると、翌年一月、呼応して美祢《みね》郡絵堂《えどう》に戦い、重傷を負って海善寺に帰り、同月二十日に死亡。二十五歳。

土屋蕭海《つちやしょうかい》（土屋矢之助《やのすけ》）
陪臣。嘉永四年、江戸に出て鳥山新三郎の学塾に寓し、そこで松陰と会って以来親交をつづけた。塩谷宕陰《しおのやとういん》らに師事して文章にすぐれた。下田踏海で投獄された松陰のために奔走した。父親の死で帰国、家塾をひらいたが、松下村塾を支援した。藩内少壮中文章第一と評され、藩主は士分の待遇を与えた。松陰はしばしば蕭海の添削を受けている。下獄した松陰に江戸召喚の命令が下ったとき、藩がそれを拒否するように請願したが聞かれなかった。文久元年、明倫館助教となる。のち世子の侍読となる。元治元年没。三十六歳。

妻木《つまき》弥次郎《やじろう》
藩士。天保十一年、松陰の兵学門下となり、最も熱心な一人として松陰から激賞された。松下村塾に入ることはなかったが協力者であり、安政五年の松下村塾での松陰による家学教授許可申請書は弥次郎が筆頭になっている。文久三年五月から始まった攘夷戦に参加したが、同年七月十四日没。三十九歳。

妻木《つまき》寿之進《ひさのしん》

藩士。弥次郎の子。安政三年、十一歳で松陰に学び、翌年、兵学門下となり松下村塾にも顔を出したが、間もなく明倫館に入学したので塾生ではない。慶応のころ、明倫館都講となる。維新後は官途に就き岡山県書記などつとめ、明治二十三年没。四十五歳。

☆提山《ていざん》（松本鼎《てい》）

僧。三田尻《みたじり》の農家に生まれ、幼くして仏門に入る。松本村にある毛利家の菩提所東光寺の僧となり、霖龍《りんりゅう》和尚に学んでいたが、安政四年末、十九歳のとき松下村塾に入った。翌年、松陰が久坂玄瑞に送った手紙には「提山坊主、大いに進む」とある。その後、還俗して松本鼎と称し、松陰死後は志士として活動、元治元年の禁門の変では負傷して帰国、慶応二年の第二次長州征伐の幕軍と芸州口に戦う。明治元年からの戊辰戦争では軍監として追討総督に従い各地に転戦した。のち熊本・和歌山の県令を経て元老院議官・貴族院議員となる。明治四十年没。六十九歳。

☆寺島忠三郎《てらじまちゅうざぶろう》（作間《さくま》忠三郎）

藩士。安政五年、十六歳のとき入塾。松陰は「作間、朴訥にして頗る沈毅の質あり」「俗論中にありて顧つて能く自ら抜く。篤く信ずといふべし。亦些《いささか》の頑骨あり」と評した。同年十一月、松陰の間部詮勝暗殺計画に加盟、松陰の投獄に異をとなえて家囚となった。文久二年春、久坂玄瑞らの上京に従うため脱藩、十月、京都での松陰慰霊祭の祭主をつとめる。さらに江戸へ走り高杉らと横浜の外国人を襲う計画を立てたが未遂に終わった。元治元年七月、禁門の変で自刃。二十二歳。

☆富樫文周《とがしぶんしゅう》（深江九郎《ふかえくろう》）

医師。安芸国山県郡の医家に生まれた。坂井《さかい》虎山《こざん》・僧月性に学び、安政五年三月、松下村塾に入る。他藩人の塾生はこの人だけである。「専精書を読むも、未だ甚だしくは心を時事に留めず」と、松陰は評した。同年八月には長崎に出て、その後、郷里に帰り、医を業としたが、明治十九年、コレラ患者を診療中、感染して死亡。四十三歳。

☆時山直八《ときやまなおはち》

藩士。安政五年三月、二十一歳で入塾。しばしば宿泊して松陰に学んだ。「中々の奇男子なり。愛すべし」と松陰は評した。翌年、江戸に遊学して安井《やすい》息軒《そっけん》らに従学、万延元年に帰国し、松陰の墓碑建立に尽力、その後、久坂玄瑞らと京都に出て行動を共にした。文久二年に諸藩応接掛、元治元年、帰国、奇兵隊に入り参謀として連合艦隊と戦う。明治元年、奇兵隊をひきいて入京、さらに北越に転戦、五月十一日、朝日山《あさひやま》における長岡藩兵との戦いで戦死した。三十一歳。

富永弥兵衛《とみながやへえ》（富永有隣《ゆうりん》）

藩士。明倫館に学び、十三歳で藩世子に大学を講じた。配膳役に進んだが性狷介のため、同僚の讒言《ざんげん》により遠島、のち野山獄に移された。獄中で松陰と知りあう。松陰はその学識を惜しみ出獄後、彼の釈放運動に成功、松下村塾の賓師《ひんし》とした。有隣の講義を受けた塾生は多く、村塾の教学に貢献した。松陰の死後、第二次長州征伐の幕軍と鋭武隊《えいぶたい》をひきいて戦ったが、維新後は新政府を批判し、脱隊騒動を煽動して土佐に逃げた。明治十年に捕らえられ石川島監獄に繋がれ、十七年出獄、周防熊毛郡で私塾を興したが、不遇のうちに明治三十三年没。八十歳。国木田独歩の小説

『富岡先生』のモデル。

☆中谷正亮《なかたにしょうすけ》

藩士。嘉永四年、松陰と共に江戸遊学したときから親交が始まった。帰国後は明倫館に学び居寮生に進んだが、安政三年、杉家に幽囚中の松陰を訪ね、以後、師事するに至ったときは二十九歳で、松陰より二つ年上だった。塾生となってからは村塾の経営にも協力し、高杉晋作・久坂玄瑞・尾寺新之丞らを誘って入塾させたのは中谷である。松陰刑死後は桂・久坂・高杉・尾寺その他松門の人々と共に行動した。また文久二年、薩摩の有馬新七らの蜂起に加わることを約したが寺田屋の変で挫折した。その年、藩命により江戸へ出たが閏八月、急病死した。三十五歳。

中村道太《なかむらみちた》郎《ろう》（中村九《く》郎《ろう》）

藩士。松陰の親友。弟の赤川淡水（佐久間佐兵衛）と共に元治元年七月、参謀として禁門の変に参加、十一月、責任をとらされ恭順派により斬首。三十七歳。

☆中村理《なかむらり》三郎《さぶろう》

藩士。安政四年、十三歳で入塾。初め成績はよくなかったが、やがて村塾の群童中に頭角をあらわした。松陰は藩士片山《かたやま》与《よ》七《しち》の養子に理三郎を推薦したというが、その後の経歴不詳。

☆野村和《のむらわ》作《さく》（野村靖《やすし》）

足軽。入江杉蔵の弟。安政四年、十六歳の冬に入塾。安政六年、松陰の伏見要駕策のとき、密使となって上京したが果たさず、兄の杉蔵と共に投獄された。万延元年閏三月に放免。松陰死後は志士として活動し、文久二年十二月、高杉らのイギリス公使館焼き打ちに参加した。御楯隊をひきいて内訌戦、対幕戦に参加した。明治四年、宮内権大丞《くないごんのだいじょう》となったのを振り出しに外務大記として岩倉使節団に随行、神奈川県令、駐仏特命全権公使、内務大臣、逓信《ていしん》大臣、枢密顧問官など歴任、明治四十二年に没。六十八歳。遺言により遺骨は東京松陰神社境内に埋葬された。

☆福原又四郎《ふくはらまたしろう》

藩士。来原良蔵の甥。安政五年、入塾。「福原は外優柔に似て而も智を以て之れを足す。その頑固自から是とする処は、子楫（岡部富太郎）及ばざるなり」と松陰は評した。間部暗殺計画に加盟、松陰の投獄に抗議して罰せられた一人。松陰死後の万延元年、海軍所運用科に入ったあと、文久元年の「一燈銭申合」に参加。長井雅楽の親戚で、文久三年、『航海遠略策』の責任をとらされて雅楽が切腹するとき介錯した。以後の消息不明。

☆正木《まさき》退蔵《たいぞう》

藩士。安政五年、十三歳のとき入塾したが、年少のためか在塾中のことは伝わっていない。元治元年、世子の小姓役となる。内訌戦のときは萩にあり、俗論派と一線を画す鎮静《ちんせい》会《かい》議員として活動、藩論確定に尽くした。明治四年、イギリスに留学、いったん帰国して再渡英、明治十一年ごろ、文豪ロバート・スティーヴンスンに会って松陰のことを語った。のちスティーヴンスンは『吉田寅次郎（YOSHIDA-TORAJIRO）』を書き、広く松陰の事績を紹介した。その後、正木はハワイ総領事などをつとめ、明治二十九年没。五十一歳。

☆増野《ましの》徳民《とくみん》

周防山代《やましろ》の医師の子に生まれた。安政三年、十六歳のとき杉家に寄宿し松陰に従学した。

最も早い時期の塾生である。吉田栄太郎・松浦松洞と共に「三無生」の一人として松陰に可愛がられた。松陰がつけてやった号は無《む》咎《きゆう》。松陰の死後、万延元年ごろまで久坂玄瑞の指導で動いたが、文久二年三月、捕らえられて山代に送還、父から厳囚されて再び出られなかった。維新後は松陰と同門のことを思い悶々と楽しまず、山間の一医師として生きた。明治十年没。三十七歳。

☆馬《ま》島《じま》甫《ほ》仙《せん》

医師。安政四年、十四歳のとき入塾、松陰は「塾中第一流の才」として将来を期待した。入獄のとき、松下村塾のあとのことを馬島にも依頼したが、離れて行き、松陰を落胆させた。しかし松陰死後、文久元年の「一燈銭申合」にも参加、それからも志士として活躍、奇兵隊の書記をつとめたこともある。慶応元年からしばらく松下村塾で教えるかたわら松陰の遺稿整理にあたる。明治三年、同門の山田顕義（市之允）に伴われて大阪に出たあと、翌年東京に移り、十二月、熱病にかかり狂を発して死去。二十八歳。

☆松浦《まつうら》亀太《かめた》郎《ろう》（松浦松洞《しょうどう》）

商人、のち藩士根《ね》来主馬《ごろしゅめ》の家臣となる。幼くして絵に秀で神童と呼ばれた。羽《は》様《ざま》西崖《せいがい》に四条派の画法を学び、京都に出て小《お》田《だ》海僊《かいせん》に師事したのち帰国、二十歳の安政三年、詩文を習うつもりで松陰を訪ねたが、その人柄にひかれて松下村塾生となり、憂国の思想にめざめた。松陰の江戸召喚にあたり、久坂玄端の発案で肖像画八幅を描く。現在伝えられているのは彼の作品である。「才あり気あり、一奇男子なり。無逸（吉田栄太郎）の識見に及ばざれども、而も実用は之れに勝るに似たり」と松陰は評した。藩要路の肖像を描きに行き藩内や京都・江戸の情報を得て松陰に伝え、また安政五年、江戸に出てからは時勢を通信、自由を失った松陰の分身となって謀報活動につとめた。松陰死後は尊攘志士として奔走し、『航海遠略策』の長井雅楽を刺そうと謀ったが諌止されて憂憤に堪えず、文久二年四月、粟田山中で自刃。二十六歳。

☆山県小輔《やまがたこすけ》（山県有朋《ありとも》）

中間。幼少のころ武士の子と喧嘩し、相手の親から抗議された父が小輔を川に投げ込んで詫びたことがあり、封建社会の理不尽を深く恨んだという。宝蔵院《ほうぞういん》流の槍に励み、相当な域に達した。安政五年九月、二十一歳のとき入塾。その年十二月に松陰は投獄されるので従学の期間は短いが、村塾一門として文久三年、伊藤俊輔（博文）らと共に士分に列する。その名を知られたのは、文久三年、奇兵隊軍監となってからで、元治元年八月、四ヵ国連合艦隊と勇戦した。同年十二月、高杉の挙兵には最初反対したが、間もなく呼応して奇兵隊をひきい、決起を成功にみちびいた。戊辰戦争では越後口に出征、次いでヨーロッパの軍事視察におもむき、帰国後、陸軍中将、陸軍卿となり以後陸軍の首班の座を占めた。明治二十二年、内閣総理大臣、翌年、陸軍大将、日清戦争では第一軍司令官、三十一年、元帥府に列し再び内閣を組織、日露戦争では参謀総長をつとめた。四十二年、伊藤博文の死後は最長老として軍政両界に権勢を振るう。大正十一年没。八十五歳。歌人でもあり多くの秀作を遺している。

☆山田市之允《やまだいちのじょう》（山田顕義《あきよし》）

藩士。安政四年、十四歳で入塾。松陰は『立志』と題する詩を与えて励ました。松陰の死後、師を深く追慕し、久坂玄瑞に従い志士として活動した。高杉らの攘夷血盟にも加わる。元治元年の禁門の変に参加、また慶応元年の内訌戦では御楯隊司令として高杉に呼応、第二次長州征伐の幕軍と芸州口に戦う。整武隊総督となり、戊辰戦争《ぼしんせんそう》では参謀として各地を転戦、さらに陸海軍参謀として箱館戦争を指揮した。衝背戦《しょうはいせん》を得意とし「用兵の奇才」をうたわれた。兵部大輔大村益次郎に属望され、兵部大丞として大村死後、その衣鉢《いはつ》を継ぐ位置にいたが、ヨーロッパから帰国した山県有朋から疎外された。明治四年、陸軍少将。同年、軍事視察の任を帯び理事官として岩倉使節団に随行した。六年に帰国したが、山県が牛耳る陸軍の中枢には入れなかった。清国公使を命じられたが拒否、たまたま発生した佐賀の乱に出征、また西南戦争には別動旅団をひきいて八代《やつしろ》に上陸、九州各地を転戦して奇才ぶりを発揮した。結局、軍を離れて明治十六年、司法卿、十八年に司法大臣となる。法制に業績を遺したナポレオンに心酔していたこともあり、「われ東洋のナポレオンたらん」と新しい志を燃やし、フランス法典を基礎とする民法をはじめ諸法典の草案、公布に心血をそそいだが、政治を巻き込んだイギリス法学派の反対により、明治二十五年五月の第三回帝国議会で民法・商法共に実施延期法律案が可決、葬り去られた。この年十一月、山口県に帰り、帰京の途次、生野《いくの》銀山を視察したとき、原因不明の急死をとげた。四十九歳。日本大学の学祖として知られる。

☆横山重五郎《よこやまじゅうごろう》（横山幾太《いくた》）

藩士。安政四年、十七歳で入塾したが、のちに同志を松本村上野の自宅に集めて勉学した。松陰はこれを「一敵国なり」と言って喜んだ。江戸に出て安井息軒に学び、帰国後は明倫館の教授となる。明治初年、福井県学務課長兼中学校長をつとめて山口県に帰り、大津郡長を長くつとめた。明治三十九年没。六十六歳。大正・昭和初期の文筆家として知られる横山健堂《けんどう》の父。

☆吉田栄太郎《よしだえいたろう》（吉田稔麿《としまろ》）

足軽。家が杉家の隣にあった。吉田姓は自称。久保五郎左衛門の松下村塾に学んだのち、江戸藩邸の小者として働き、帰郷して安政三年十一月、十六歳のとき幽室の松陰に師事した。高杉・久坂・入江と並んで松下村塾の四天王といわれた。間部詮勝暗殺計画に加盟、松陰の投獄に抗議して家囚となったが、行動を共にした士分の者より赦免が遅れたことに悲哀を感じ、同門と絶交、松陰との交わりも断った。松陰の刑死を知って独り喪に服したが、松下村塾生の集まりには参加せず、万延元年、兵庫警衛の番手として出張して十月に脱藩、江戸に出て旗本の使用人となり重用された。文久二年七月、上京して世子に会い、罪を許されて帰参。元治元年六月、京都三条の池田屋での志士の会議に出席し、新撰組に襲われて重傷を負い、長州藩邸の門まで帰ったが開かず、自刃した。二十四歳。

☆冷泉雅二郎《れいぜいまさじろう》（天野御民《あまのみたみ》）

藩士。安政四年、十七歳のとき入塾。十一月ごろ、岸田多門と松下村塾に寄宿した。松陰死後は久坂玄瑞らと京都で志士として活動。文久三年五月、下関海峡での攘夷戦に参加、のち奇兵隊に入る。慶応二年の第二次長州征伐の幕軍と戦う。維新後、司法官となる。『松下村塾零話』『防長正気集』などの著がある。明治三十六年没。六十三歳。

松下村塾略年表

元号	西暦	干支	村塾記事	松陰事績
安政 二年	一八五五	乙卯		二六歳 一二月一五日　獄を免ぜられ杉家に帰る。 〔著述〕 野山獄文稿・獄中俳諧・賞月雅草・回顧録・書物目録・抄制度通など。
安政 三年	一八五六	丙辰	九月四日　松陰、久保五郎左衛門主宰の第二期松下村塾のために『松下村塾記』を作る。 このころから久保塾との合併が話し合われ、松陰主宰の第三期松下村塾開塾へ動く。 この年、受講に来る者　岡部繁之助・佐々木謙蔵・中谷正亮・増野徳民・松浦亀太郎・吉田栄太郎・玉木彦介その他。	二七歳 一月　杉家幽室で近親を相手に孟子を講じ始める。 八月二二日　続いて『武教全書』のうち「武教小学」を開講。次第に外からの聴講者集まる。 一〇月六日　「武教小学」を講了。

一二月　萩に来た梅田雲浜と面会する。

〔著述〕講孟余話・武教全書講録・丙辰幽室文稿・左氏兵戦抄・宋元明鑑紀奉使抄・丙辰日記・借本録など。

安政　四年　一八五七　丁巳

四月二九日　従弟久保清太郎、江戸遊学より帰り、松陰の村塾運営に協力。このころ受講者増加、久保塾との合併かたまる。

七月三日　富永有隣出獄、松下村塾の賓師となる。

九月　烈婦登波、村塾を訪問、松陰と塾生これを歓待。

一一月五日　杉家の宅地内にある小屋を改装して講義室とする。松陰の松下村塾発足（表向きは久保五郎左衛門主宰）、これより年末にかけて塾生急増。

この年、入塾する者　天野清三郎・飯田吉次郎・市之進・伊藤利助・岡部富太郎・尾寺新

二八歳

一二月　松陰の末妹の文、久坂玄瑞と結婚。

〔著述〕丁巳幽室文稿・討賊始末・外史彙材・二十一回叢書・吉日録・野山獄読書記・丁巳日乗など。

安政　五年

一八五八

戊午

之丞・音三郎・岸田多門・久坂玄瑞・高杉晋作・国司仙吉・溝三郎・駒井政五郎・佐世八十郎・品川弥二郎・提山・中村理三郎・野村和作・山田市之允・横山重五郎・冷泉雅二郎・馬島甫仙その他。

一月　松下村塾と嚶鳴社との抗争起こる。僧月性の来援を乞い、二月和解。

二月二〇日　久坂玄瑞、江戸遊学の途につく。

三月一一日　塾生増加に対処する増築完工、八畳・一〇畳半の塾舎整い、塾勢振るう。この月、松浦松洞上京。また須佐育英館との交流始まり、松下村塾生一三人、育英館に行く。四月、育英館より七人来る。さらに村塾より四人、育英館に招かれる。

四月一二日　『村塾策問一道』を印刷、日米修好通商条約反対の意見を全塾生及び関係方面に配る。

七月二〇日　高杉晋作、江戸遊学の途につく。藩府、松陰による松下村塾の正式開塾を許す。この月、入江杉蔵東行。

二九歳

一月六日　痛烈に藩政を批判した『狂夫の言』を書き上書。

五月一二日　『対策』『愚論』を梁川星巌に送る。星巌これを天覧に供す。

通商条約・将軍継嗣問題をめぐり中央の政局激動。

松陰の言論活動活発化する。ついに間部詮勝暗殺を計画、武器弾薬の供与を藩府に願い出て厳囚を命じられる。

〔著述〕

戊午幽室文稿・幽窗随筆・読綱鑑録・急務四条・西洋歩兵論・

			八月一日　周防戸田の壮士二六人、村塾に来て連日銃陣を学ぶ。このころ松下村塾生、盛んに兵学を実習。 一一月　間部詮勝暗殺計画に塾生一七人が血盟。 一二月五日　松陰に投獄の命下り、「学術不純」の罪名に抗議の塾生八人（入江・佐世・吉田・岡部・福原・作間・有吉・品川）重臣の屋敷に押しかけ、暴徒として幽囚される。 一二月二六日　松陰の投獄により、事実上、松下村塾閉鎖。 この年、入塾する者　有吉熊次郎・飯田正伯・入江杉蔵・小野為八・河北義次郎・作間忠三郎・杉山松介・瀧弥太郎・富樫文周・時山直八・福原又四郎・正木退蔵・山県小輔その他。	松陰詩稿など。
安政　六年	一八五九	己未	松陰の投獄後、小田村伊之助が主宰、少年組を集めて富永有隣が講義をつづけていたが、間もなく有隣脱去。 二月一五日　久坂玄瑞、萩に帰る。 二月二五日　佐世八十郎、長崎に留学。	三〇歳 五月一四日　江戸召喚の報、至る。 五月二六日　出発。 七月九日　評定所で訊問・伝馬

		五月二六日　久坂・松浦ら塾生十数名、松陰の江戸召喚を送る。 吾今為国死　吾れ今国の為に死す 死不負君親　死して君親に負《そむ》かず 悠々天地事　悠々天地の事 鑑照在明神　鑑照、明神に在り （松陰辞世） 町牢に入る。 一〇月二七日　処刑。 〔著述〕 己未文稿・孫子評註・坐獄日録・照顔録・東行前日記など。

元号	西暦	松陰死後の主な門下生の動向及び松下村塾記事
万延　元年	一八六〇	二月七日　門下生十数人が集まり松陰百日祭を執りおこなう。 閏三月一三日　杉百合之助逼塞・退隠、梅太郎が家督を継ぐ。 一一月二一日　玉木文之進・久保清太郎ら遠慮を申しつけられる。
文久　元年	一八六一	松下村塾に久坂玄瑞ら門下生二十数人が集まり「一燈銭申合」成る。
文久　二年	一八六二	四月一一日　久坂・佐世・久保・中谷ら長井雅楽の弾劾書を在京の藩主要路に提出。 四月一三日　松浦亀太郎、粟田山中で切腹。 四月二三日　久坂・佐世・久保・中谷・寺島・入江・天野・品川ら薩摩の激徒に呼応し京都所司代屋敷を襲うべく京都藩邸に待機するが、寺田屋の変報至り止む。 一〇月一七日　在京の久坂・寺島ら門下生約二〇人が集まり松陰慰霊祭をおこなう。 一一月二八日　勅命により幕府大赦令を発して松陰の罪を免ずる。この月、松門の志士が主となり攘夷血盟書を作る。 一二月一二日　高杉晋作・久坂玄瑞・伊藤俊輔ら江戸イギリス公使館を焼き打ちす

		る。
文久　三年	一八六三	六月六日　高杉晋作、奇兵隊を結成。 この年、松下村塾出身の軽卒入江・山県・品川・杉山・伊藤（俊輔）・野村・吉田ら松陰に師事して尊攘の大義を遵奉する故を以て士籍に列せられる。
元治　元年	一八六四	六月五日　京都池田屋を新撰組が襲撃、吉田栄太郎・杉山松介闘死。 七月一九日　京都禁門の変で久坂玄瑞・入江九一・寺島忠三郎ら自刃。この月、松門の志士を主として松陰の遺志を奉ずる趣旨を記して奇兵隊血印盟約書を作る。 一二月一五日　高杉晋作、藩論回復の兵を長府功山寺に挙げる。内訌戦始まる。
慶応　元年	一八六五	一月二〇日　玉木彦介絵堂の戦いで戦傷死する。 一〇月二五日　高杉・山県・伊藤らにより下関桜山招魂場で松陰慰霊祭をおこなう。
慶応　三年	一八六七	四月一四日　第二次長州征伐の幕軍を撃退後、高杉晋作病死。これによって松下村塾四天王（高杉・久坂・入江・吉田）消える。
慶応　四年 （明治元年）	一八六八	二月一七日　藩府、毎年藩札七〇〇目を給して塾舎の修繕にあてることとなる。 戊辰戦争で時山直八・駒井政五郎ら戦死。
明治　九年	一八七六	一二月三日　佐世八十郎（前原一誠）萩の乱首謀者として斬首される。
明治一八年	一八八五	伊藤博文、初代内閣総理大臣に就任。
明治二二年	一八八九	山県有朋、内閣総理大臣に就任。
明治二三年	一八九〇	松下村塾保存のための部分修理施工。
明治四〇年	一九〇七	一〇月三日　松下村塾の域内に松陰神社創建。
大正一一年	一九二二	一〇月一二日　松下村塾、史跡に指定される。
昭和二七年	一九五二	災害復旧修理。

昭和三一年	一九五六	災害復旧修理。
昭和三三年	一九五八	塾舎の便所撤去、壁塗り替え、屋根補修。
昭和五九年	一九八四	一二月一日 国・県・市費による総事業費四六二万二〇〇〇円で修理工事着工、翌年三月三一日完成。

参考文献一覧

山口県教育会編『吉田松陰全集』（全十巻、岩波書店、昭和九～十一年）
奈良本辰也『吉田松陰』（岩波新書、昭和二十六年）
玖村敏雄『吉田松陰』（岩波書店、昭和十一年）
玖村敏雄『吉田松陰の思想と教育』（岩波書店、昭和十七年）
田中彰他訳著『日本の名著31　吉田松陰』（中央公論社、昭和四十八年）
広瀬豊『吉田松陰の研究』（武蔵野書院、昭和五年。復刻版はマツノ書店、平成元年）
海原徹『松下村塾の人びと』（ミネルヴァ書房、平成五年）
吉田祥朔『近世防長人名辞典』（マツノ書店、昭和五十一年）
岡不可止『松下村塾の指導者』（文藝春秋社、昭和十九年）
島幸子『異人のみた吉田松陰』（条例出版、昭和五十一年）
北村沢吉『儒学概論』（関書院、昭和五年）
中原邦平「東行先生略伝」（東行先生五十年祭記念会編『東行先生遺文』民友社、大正五年）
徳富猪一郎『吉田松陰』（民友社、明治二十六年）
大庭三郎『吉田松陰百話』（求光閣書店、大正三年）
『日本及日本人』第四九五号、第六七七号（政教社、明治四十一年、大正五年）
財団法人文化財建造物保存技術協会編『史跡吉田松陰幽囚の旧宅保存修理工事報告書』（史跡吉田松陰幽囚の旧宅保存修理委員会、昭和六十一年）
その他

原本あとがき

安政元年（一八五四）三月、吉田松陰は欧米列強の先進文明の実態をたしかめようとしてペリーの軍艦に潜入、アメリカからヨーロッパを巡歴することを思い立った。

「この事件は非常に興味深いものであった。あの二人の教養ある日本人は、新しい知識を得るために、死をも厭《いと》わずに国の掟を進んで破ろうと試みたのであった。彼らはまさしく知識欲旺盛で、精神的且《か》つ知的な能力を伸ばすための機会ならなんでも喜んで摑むことであろう。あの不運な男たちの行為は、日本人の典型的なもので日本人の好奇心の強さを表わす何よりの証拠といえるかもしれない。ただ残念なことに厳しい掟があり、それに従うように絶えず監視されているために行動出来ないのである。しかしこのような人がいるということは、この興味深い国にいかなる思索の世界が、いかなる希望に満ちた未来が開かれることを意味するのであろうか」（F・L・ホークス『ペリー日本遠征記』島幸子訳）

松陰は海外密航計画に失敗し、幕府に捕らえられて郷里の萩に送還された。一年余を獄中ですごし、仮釈放されたのち実家の杉家で幽囚生活を送ることになる。海外渡航に成功し数年後、新知識として帰国するより、失敗して萩に幽閉されることによって、はからずもそこに用意されていた歴史の役割を果たし得たのである。松陰は挫折したあと、みずからの志を新しい世代に託そうとしたのだ。

　松下村塾は、自由を失った一人の人間が、複数の若者に思想と行動をバトンタッチする後継者育成の教場として、わずかな期間存立した。松下村塾で松陰がさずけたのは人間の学だった。「学は、人たる所以を学ぶなり」とし、あくまでも学問を通じて真実とは何かを問いつづけながら、共に考え共に生活して若者の心を揺り動かしたのは、並みはずれた感化力であり、それこそが松陰における学徳というものだった。

　ところで松陰の伝記は、死後三十二年の明治二十四年（一八九一）、初めて世に問われた。その野口勝一・富岡政信共著『吉田松陰伝』に次いで、二年後には蘇峰徳富猪一郎著『吉田松陰』が出た。明治後半期の二十二年間に出版された松陰伝は約二十冊だったが、大正の十五年間には二十五冊となり、さらに昭和期に入ると敗戦までの十九年間に百四十五冊を数えた（中央公論社『日本の名著―吉田松陰』田中彰「吉田松陰像の変遷」）。

　急激に展開された松陰論は、日清戦争、日露戦争を経過した日本の政治体質と共に、いわゆる皇国史観のトーンを高めて行く。大正期の松陰像が、かなり冷静な視点を保ったのは大正デモクラシーという時代思潮に支えられている。しかしその中でも「武士道人士」とよび「国士」とみる松陰観の芽は育てられており、これが昭和前期の松陰像にいたる橋渡しとなるものだった。昭和期に入ると、松陰は「国策」に沿うかたちで積極的にかつぎ出された。

その象徴的な例が教科書にあらわれる松陰像である。「吉田松陰は長門の人であります。小さい時から、父母や叔父の教をよく守って学問にはげみましたので、学業が大そう進みました」（忠君愛国の項）といった国定修身教科書における松陰の本格的登場は昭和八年からである。「この期はあの〝サクラ読本〟で有名であり、ファシズム抬頭期の臣民教育の強化の教科書として規定されている時期である」（田中彰氏）。

私が小学校に上がったのは昭和七年（一九三二）で、第一次上海事変の勃発や五・一五事件で犬養首相が青年将校に殺されるという暗い時代の幕開きをみる年だった。昭和前期の松陰論がようやく盛んになったころであり、そこで私たちは初めて吉田松陰の名を教えられたのだった。山口県の小学校に学ぶ子供は松陰や松下村塾について、耳にタコができるほど聞かされたのだ。

山口県下では、中学校の多くが英語講読の副読本に、文豪ロバート・スティーヴンスンの『YOSHIDA-TORAJIRO』を使っていたし、女学校向きには「本書は吉田松陰先生の遺文中、中等学校程度の青年子女に是非とも読ましめたいと思はるゝものを選択して、国語漢文科の副読本として編纂した」と凡例に示した『松陰読本』（昭和十六年六月発行）があった。全国的にも松陰伝に類する書籍は、戦争たけなわの昭和十六、七、八年ごろ集中的に出た。『吉田松陰大陸南進論』などという明らかに戦意昂揚をねらったものが多い。

そんなわけで敗戦直後の数年間は、松陰が〝追放〟された期間だった。その沈黙を破って、最初に新しい松陰像を提出したのが奈良本辰也氏である。同氏の『吉田松陰』（岩波新書）が出たのは昭和二十六年（一九五一）で、以後松陰論はこれに触発されて再び活発になった。昭和前期の松陰論の氾濫には遠く及ばないが、めざましい勢いで松陰は復権をとげ現在に至っている。

奈良本先生のその本が出たとき、私は山口市でひらかれた記念の講演会を聞きに行った。それが新しい松陰像との出会いだったといえる。神格化された松陰、そして戦争中にまみれた手垢をぬぐい去って人間の顔をあらわした松陰は、清冽な輝きに満ちていた。戦前、おびただしく作られ、学校の校長室に必ず置かれていた松陰のブロンズはすべて座像であり、まるで老人を思わせる暗くいかつい表情に彫られていた。復活した松陰のイメージは、すっくと立ち上がった二十七歳の青年学徒の姿である。

松陰が現代に迎えられる理由はいろいろ挙げることができる。要するに人間的な魅力なのだが、そのストイックな生き方は真似るべくもなく、われわれ凡人からは最も遠いところにいる人だ。しかし強力な磁力を放ちながら大股に迫ってくる不思議な存在でもある。もともと偶像とはそのようなものなのだろう。松下村塾の塾生たちにとって、松陰は大きな磁石岩だったに違いない。

しかし私は維新史に取材した小説や評伝を書くようになってからも、松陰は敬遠した。出版社から松陰を書くように勧められながらずっと断りつづけ、とても自分などが近寄れる人物ではないと思っていた。本書「村塾のころ」で、松陰伝など書けるものではないという久保幾次郎の言葉を紹介したが、それに近い気持ちだった。

そのうちに、たとえば高杉晋作を書くばあい、松陰を通過せずには語れないことを痛感するようになった。ようやく腰を据えて『松陰全集』を読んでいるうちに何か書けそうに思われてきた。でもいざ筆を執るとなると、やはり怯《ひる》むような心境におちいるのは今でもそうだが、いろいろな松陰論は、この人物の持っている旅行家であり、経世家であり、兵学者であり、志士であり、教育者でもあるというさまざまな顔の中から一つを抜き出して構成し、松陰の虚像の一片を、時には自己の思想展開の支援者として利用しているのではあるまいかと、私は考えることにした。

蘇峰が初版で描いたイタリアの明治維新ともいうべきリソジメントの先駆をなしたマヂニー（マッツィーニ）に比す愛国者としての松陰像を、改訂版で削ったとしても、それは松陰の一部分を取り替える作業だったといえなくもない。松陰の実像をとらえようとすることは、十一面観音像を同一平面に描写する困難に似ている。松陰論が正反対の方向をふくめて分極化していくのは、まさしくそれなのである。そしてその虚像を集合させ、乱反射する中に像を結ぶものがあるとすれば、あるいはそれが松陰の実像であるのかもしれないが、しょせん松陰ほどの人物の等身大の実像を描き出すのは至難のわざである。

この度は松陰の個人像よりも、彼を中心に据えた松下村塾という一つの集団と取り組むことになった。私は、小学生時代に使っていたノートブックの白すぎるほどの白さ――ほんとうに粉をふいたように白かったのである――と、その表紙にペン画で描かれた一本のひょろ長い松と、その下に坐った小さな建物の寒々としたたたずまいを、はっきり記憶している。それが松下村塾なのであった。幼年時代に植えつけられた、吉田松陰という先生はとても恐い人だという全体的な印象とからみあっている。しかし松陰という人との距離を少しずつ縮めはじめてからは、その記憶の中にある松下村塾が、必ずしも冷えきった恐ろしい教場とは思えなくなった。今はむしろ若者の志を温める帯電の容器であり、青春の熱気を膨張させる反射炉とも見えるのである。

これまで書かれた松陰の評伝では、生涯とその事績の流れをつくる重要な一部分としての松下村塾が取り上げられている。松下村塾は松陰伝の輝かしい場面であり、松陰の果たした歴史の役割は松下村塾に集約されると言って過言ではあるまい。松下村塾にしぼった最近の著作としては海原徹氏の『松下村塾の人びと』（ミネルヴァ書房、一九九三年刊）がある。松下村塾における人間形成をはじめ塾生の追跡調査など詳細をきわめた大著であり、本書でも参考にさせていただいている。

私としてはこれまで松陰に関わる小説・評伝を書く過程で集めた資料を総合し、自分なりに見えてきた松下村塾の生態を、いわば序説というほどのつもりでまとめてみた。元塾生たちの架空座談会の一章をもうけたのは、断片的な回顧談を集約させようとする意図にほかならない。松陰が書いた文章は、書簡を除いて漢文を読み下したものがほとんどで、それもすべて口語訳にしたほうが読みやすいはずだが、やはり原文の味が捨てがたいので、ルビをほどこし、文意を損なわない範囲で字句を書き換えた。また仮名書きを増やすなど表現を平たくして、必要な個所には注記した。

それに松陰の思想、学統に深入りするのは私の分際ではないので、あくまでも松下村塾の軒下までを実証的にながめることにつとめた。むろんこれを世の教育者に示そうとか、指導の参考に供しようなどと、敢えておこがましい目的をかかげようとするものではない。ありていにいえば幕末の日本を震動させた謎の私塾、その異空間の扉をあらためて開いてみようと思い立ったのだが、確認の作業を超えるものではなかった。つまり短期間に松陰がなしとげた驚異的な成果の秘密は、感化力の一語に尽きるということの確認、それが本書の結論でもある。

なお執筆にあたって松陰神社、山口県文書館、東行庵、山口県立図書館主査樹下明紀氏、萩市立図書館長近藤隆彦氏、写真家吉岡一生、清水恒治両氏、新潮社松村正樹氏のご協力をいただいた。厚くお礼申し上げます。

一九九五年盛夏

古川　薫

学術文庫版あとがき

むろん私は歴史家ではありませんので、小むつかしい史論をふりまわす意図など毛頭なく、ひとりの稗史作家として、これまで戦国、江戸、幕末の歴史に登場する人物のうち、好ましく思える対象を選んで、気のむくままに書きこんできました。

私の吉田松陰関連図書は、ご本人を主人公にした伝記的小説『留魂の翼』をはじめ評伝、また『吉田松陰とその門下』といった群像に視線をあてた史伝など、数冊を書いています。

新潮選書となった『松下村塾』は、日本列島本州西端の片隅に開かれた学校ともいえない私塾で、実質一年余にすぎない教育期間に、松陰が予言した言葉でいえば「天下を奮発震動」させる人材を、あれほどのまとまった数で送りだした松下村塾の正体にせまろうというものです。この一冊が果たして学術文庫の名に値するかどうかは、読者の判断にまつしかありませんが、すくなくともひとつの断面を見せたものではないかとの自負はあります。

いわば謎とされる松下村塾の生態については、多くの先学によって分析なり考察がなされていますが、答えはひとつではないのです。私がその答えのひとつを加えようとしたのは、ざっくばらんに言えば、動機は好奇心です。

疾風怒濤の幕末、吉田松陰というひとりの田舎教師が作った松下村塾という箱舟はどんなかたちをしていたか、どんな学科をどう学んでいたか、どんな原稿用紙を使っていたか、飲み食いは、月謝は、授業時間は早朝か、昼間か、夜か……。松下村塾を解体して透視図を作り、そこから着色しない吉田松陰の素描を浮かびあがらせてみようと思ったのです。

徳富蘇峰は吉田松陰伝を書いた最初の著者ですが、同書で「松下村塾は、徳川政府顚覆の卵を孵化したる保育場の一なり。維新改革の天火を燃したる聖壇の一なり」と言っています。徳川政権打倒を先駆した松陰の私塾を、ある種のカルト集団とみれば松下村塾解体新書は、教育というものの恐ろしさをも暗示しているのですが、私としてはさほど松下村塾を有毒視しているわけではありません。

いろいろありますが、松陰の本領はやはり感化力です。学ぶということは、量ではなく質だといえば、いかにも陳腐ですが、松下村塾はリアルにそのことを実証しているのです。また松陰が講義室にかぎらず、庭の草をむしりながら、杉家のダイガラで米をつきながら塾生に教えたのは、「ものの考え方」なんですね。強烈な感化力とはそんなところで発揮されたといえます。

このたびの学術文庫化にあたっては、字句訂正のほか関係人名録の遺漏補塡など、かなりの改変を加えました。講談社の稲吉稔氏にご高配をわずらわせたこと、感謝します。

二〇一四年初夏

古川　薫

KODANSHA

本書の原本は、一九九五年八月、新潮社より刊行されました。

古川　薫（ふるかわ　かおる）

1925年，下関生まれ。教員，新聞記者を経て文筆活動に入る。1990年に『漂泊者のアリア』で第104回直木賞受賞。著書に『幕末・維新の群像 吉田松陰』『吉田松陰 留魂録』『松下村塾と吉田松陰』『高杉晋作』『山口県謎解き散歩』『十三人の修羅』『暗殺の森』『正午位置』『幻のザビーネ』ほか多数。2018年没。

講談社学術文庫

定価はカバーに表示してあります。

松《しょう》下《か》村塾《そんじゅく》

古川《ふるかわ》　薫《かおる》

2014年10月10日　第1刷発行
2023年1月17日　第4刷発行

発行者　鈴木章一
発行所　株式会社講談社
東京都文京区音羽 2-12-21 〒112-8001
電話　編集（03）5395-3512
販売（03）5395-4415
業務（03）5395-3615

装　幀　蟹江征治
印　刷　株式会社ＫＰＳプロダクツ
製　本　株式会社国宝社
本文データ制作　講談社デジタル製作

ISBN978-4-06-292263-0

「講談社学術文庫」の刊行に当たって

これは、学術をポケットに入れることをモットーとして生まれた文庫である。学術は少年の心を養い、成年の心を満たす。その学術がポケットにはいる形で、万人のものになることは、生涯教育をうたう現代の理想である。

こうした考え方は、学術を巨大な城のように見る世間の常識に反するかもしれない。また、一部の人たちからは、学術の権威をおとすものと非難されるかもしれない。しかし、それはいずれも学術の新しい在り方を解しないものといわざるをえない。

学術は、まず魔術への挑戦から始まった。やがて、いわゆる常識をつぎつぎに改めていった。学術の権威は、幾百年、幾千年にわたる、苦しい戦いの成果である。こうしてきずきあげられた城が、一見して近づきがたいものにうつるのは、そのためである。しかし、学術の権威を、その形の上だけで判断してはならない。その生成のあとをかえりみれば、その根は常に人々の生活の中にあった。学術が大きな力たりうるのはそのためであって、生活をはなれた学術は、どこにもない。

開かれた社会といわれる現代にとって、これはまったく自明である。生活と学術との間に、もし距離があるとすれば、何をおいてもこれを埋めねばならない。もしこの距離が形の上の迷信からきているとすれば、その迷信をうち破らねばならぬ。

学術文庫は、内外の迷信を打破し、学術のために新しい天地をひらく意図をもって生まれた。文庫という小さい形と、学術という壮大な城とが、完全に両立するためには、なおいくらかの時を必要とするであろう。しかし、学術をポケットにした社会が、人間の生活にとってより豊かな社会であることは、たしかである。そうした社会の実現のために、文庫の世界に新しいジャンルを加えることができれば幸いである。

一九七六年六月

野間省一

日本の歴史・地理

関　幸彦著
武士の誕生

古代の蝦夷との戦争が坂東の地に蒔いた「武の遺伝子」は、平将門、源義家、頼朝らによって育まれ、開花した。地方の「在地領主」か、都の「軍事貴族」か。「武士」とはそもそも何か。起源と成長をめぐる新視点。

2150

塚本　学著（解説・成沢　光）
生類をめぐる政治　元禄のフォークロア

動物の殺生を禁じ、特に犬の愛護を強いて民衆を苦しめたとされる「生類憐み令」は、将軍個人の単なる愚行にすぎなかったのか。犬と鷹、牛馬と捨子をめぐる政策を通して、元禄時代と綱吉政権への見方を一新。

2155

藤田　覚著
幕末の天皇

天皇の権威の強化を図った光格天皇、その志を継ぎカリスマにまで昇りつめた孝明天皇。幕末政治の表舞台に躍り出た両天皇の八十年間にわたる〝闘い〟に「江戸時代の天皇の枠組み」と近代天皇制の本質を追う。

2157

小菅桂子著
カレーライスの誕生

日本の「国民食」はどのようにして生まれたのか。近代黎明期、西洋料理としてわが国に紹介されたカレーの受容と、独自の発展を遂げる過程に秘められた人々の知恵と苦闘のドラマを活写する、異色の食文化史。

2159

内藤　昌著
江戸と江戸城

徳川家三代が急ピッチで作り上げた世界最大の都市・江戸は、「渦巻き構造」をもった稀有な都市である。古代～江戸への地理的・歴史的な成立過程を詳述し、その実態を物的証拠により解明した江戸論の基本図書。

2160

井上章一著
伊勢神宮と日本美

伊勢神宮の清浄な美は、仏教伝来以前の日本建築の原型か？　宣長、伊東忠太、タウト、天心、磯崎新……。研究者達は、変化する時代・社会状況の中で多様な説を展開した。徹底的な資料の解読で、神宮の真実に迫る。

2164

エドワード・S・モース著／石川欣一訳
日本その日その日

大森貝塚の発見者として知られるモースの日本滞在見聞録。科学者の鋭敏な眼差しを通して見た、近代最初期の日本の何気ない日常の営みや風俗を、異文化に触れる驚きや楽しさに満ちたスケッチと日記で伝える。

2178

粟屋憲太郎著
東京裁判への道

A級戦犯被告二十八人はいかに選ばれたのか？ 昭和天皇不訴追の背景は？ 無視された証言と証拠、近衛の自殺、木戸の大弁明……アメリカの膨大な尋問調書が明かす真実。第一人者による東京裁判研究の金字塔！

2179

貝塚爽平著
富士山の自然史

三つのプレートが出会う場所に、日本一の名峰は、そびえ立っている。日本・東京の地形の成り立ちと風景と足下に隠された自然史の読み方を平易に解説する。ロングセラー『東京の自然史』の入門・姉妹編登場。

2212

橋本一夫著
幻の東京オリンピック 1940年大会 招致から返上まで

関東大震災からの復興をアピールし、ヒトラーやムソリーニとの取引で招致に成功しながら、日中戦争勃発で返上を余儀なくされた一九四〇年の東京オリンピック。戦争と政治に翻弄された人々の苦闘と悲劇を描く。

2213

五味文彦著
鎌倉と京 武家政権と庶民世界

中世とは地方武士と都市庶民の時代だった。武家政権の誕生前夜から鎌倉幕府の終焉にかけての、生活の場とその場での営為を通して、自我がめざめた「個」の時代の相貌を探究。中世日本の実像が鮮やかに甦る。

2214

家近良樹著
江戸幕府崩壊 孝明天皇と「一会桑」

薩長を中心とする反幕府勢力が武力で倒幕を果たしたという常識は本当か。王政復古というクーデタ方式が採られた理由とは？ 孝明天皇、一橋、会津、桑名藩という知られざる主役に光を当てた画期的な幕末史！

2221

日本の歴史・地理

内藤湖南《こなん》著（解説・桑原武夫）

日本文化史研究（上）（下）

日本文化は、中国文化圏の中にあって、中国文化の強い影響を受けながらも、日本独自の文化を形成してきた。著者はそれを深い学識と日中の歴史事実とを通して解明した。卓見あふれる日本文化論の名著。

76・77

平泉《ひらいずみ》　澄《きよし》著

物語日本史（上）（中）（下）

著者が、一代の熱血と長年の学問・研究のすべてを傾けて、若き世代に贈る好著。真実の日本歴史とは何か、正しい日本人のあり方とは何かが平易に説かれ、人物中心の記述が歴史への興味をそそる。（全三巻）

348〜350

ニコライ著／中村健之介訳

ニコライの見た幕末日本

幕末・維新時代、わが国で布教につとめたロシアの宣教師ニコライの日本人論。歴史・宗教・風習を深くさぐり、鋭く分析して、日本人の精神の特質を見事に浮き彫りにした刮目すべき書である。本邦初訳。

393

下村寅太郎著

東郷平八郎

日本海海戦大勝という「世界史的驚異」を指揮した東郷平八郎とは何者か。秋山真之ら幕僚は卓抜な能力をどう発揮したか。哲学者の眼光をもって名将の本質を射抜き、日露海戦の精神史的意義を究明した刮目の名著。

563

若槻禮次郎《わかつきれいじろう》著（解説・伊藤　隆）

明治・大正・昭和政界秘史 古風庵回顧録

日本の議会政治隆盛期に、二度にわたり内閣総理大臣を務めた元宰相が語る回顧録。明治から昭和激動期まで中央政界にあった若槻が、親しかった政治家との交流や様々な抗争を冷徹な眼識で描く政界秘史。

619

和田英松著（校訂・所　功）

新訂**官職要解**《かんしょくようかい》

平安時代を中心に上代から中近世に至る我が国全官職の官名・職掌を漢籍や有職書によって説明するだけでなく、当時の日記・古文書・物語・和歌を縦横に駆使してその実態を具体的に例証した不朽の名著。

621

哲学・思想・心理

佐藤一斎著／川上正光全訳注

言志四録《げんししろく》（一）～（四）

江戸時代後期の林家の儒者、佐藤一斎の語録集。変革期における人間の生き方に関する問題意識で貫かれた本書は、今日なお、精神修養の糧として、また処世の心得として得難き書と言えよう。（全四巻）

274～277

吉田松陰《しょういん》著／近藤啓吾全訳注

講孟劄記《こうもうさっき》（上）（下）

本書は、下田渡海の挙に失敗した松陰が、幽囚の生活の中にあって同囚らに講義した『孟子』各章に対する彼自身の批判感想の筆録で、その片言隻句のうちに、変革者松陰の激烈な熱情が畳み込まれている。

442・443

宇野哲人《うのてっと》著（序文・宇野精一）

論語新釈

「宇宙第一の書」といわれる『論語』は、人生の知恵を滋味深く語ったイデオロギーに左右されない不滅の古典として、今なお光芒を放つ。本書は、中国哲学の権威が詳述した、近代注釈の先駆書である。

451

下村湖人《こじん》著（解説・永杉喜輔）

論語物語

『論語』を心の書として、物語に構成した書。人間味あふれる孔子と弟子たちが現代に躍り出す光景が、みずみずしい現代語で描かれている。『次郎物語』の著者の筆による、親しみやすい評判の名著である。

493

橋本左内《さない》著／伴　五十嗣郎全訳注

啓発録《けいはつろく》　付　書簡・意見書・漢詩

明治維新史を彩る橋本左内が、若くして著した『啓発録』は、自己規範・自己鞭撻の書であり、彼の思想や行動の根幹を成す。書簡・意見書は、世界の中の日本を自覚した気宇壮大な思想表白の雄篇である。

568

諸橋轍次著

孔子・老子・釈迦「三聖会談」

孔子・老子・釈迦の三聖が一堂に会し、自らの哲学を語り合うという奇想天外な空想鼎談。三聖の世界観や人間観、また根本思想や実際行動が、比較対照的に鮮やかに語られる。東洋思想のユニークな入門書。

574

《講談社学術文庫　既刊より》